大学入試

現代文のコア

読解のための
最重要テーマとキーワード

河合塾講師
兵頭宗俊

かんき出版

はじめに

現代文が〝できる〟ようになるための「コア＝核心」が、1冊の本になりました。

コアとは、「頻出テーマ」と「重要キーワード」そして「読解技術」のことです。「テーマ＋キーワード＋読解技術」という、欲張りで効果バツグンの1冊に仕上げるにあたって、片っ端から入試問題を調べてきた長年の〝分析結果〟と〝講師経験値〟がモノをいいました。

ハッキリ言ってしまいますと、現代文入試の「頻出テーマ」と「重要キーワード」は、ほぼ決まってます。解くための「技術」も、いつも同じと言っても言い過ぎではないでしょう。

ならば、それをマスターするのが効果的な受験勉強なわけですよね。

とは言いましても、「頻出テーマ」や「重要キーワード」は、入試現代文の〝業界用語〟みたいなところがありますので、ムツカシイのは事実なんです。

ムツカシイ内容をムツカシク説明していたのでは、受験生のお役には立てません。いくら本格的な説明だ！と言ってもダメでしょうね。

僕は、**ムツカシイ内容を〝圧倒的にわかりやすい〟説明で書かせてもらいました**。〝圧倒的にわかりやすい〟と思ってもらえるように、構成に工夫がしてあります。

「頻出テーマ」を全10章に分けて整理しました。

その章も、それぞれ6コアに分けて、コンパクトなストーリーに仕上げています。

第4章「芸術」を例に挙げてみましょう。「芸術」の「頻出テーマ」も「重要キーワード」もすべて入っています。同じ「芸術」のキーワードでも、実はレベルはさまざまなのですが、受験生はどれと出会うかわかりませんし、ハイレベルだから入試登場回数が少ないなんてことも言えないわけです。ですから、必要なものは全部入れてあります。第4章「芸術」を読み終わったあなたは、丸ごと「芸術」マスターになっているわけですね。

ストーリーを仕上げるときには、〝業界通〟として、ほんとうに入試に出る最重要なモノに**まず**絞り込みました。講義で好評な〝理解と定着のためのおもしろ話〟もちょくちょく入れてみました。ここをメインパートにしてあります。

次に、メインパートに関連する「重要語句」をトータルで３００語以上加えてあります。

そして、「こぼれ話」として、マニアックでアカデミックなお話やら、読解上の本音などをこっそり入れておきました。

このように、工夫に工夫を重ねましたので、**基礎レベルからハイレベルまで、〝圧倒的にわかりやすく〟マスターすることが可能なんです。**

コアをマスターして、入試問題では「重要キーワード」を発見して「テーマ」を読み切り、**〝この筆者はどう展開するのだろう〟〝出題者はどこを問題にするのだろう〟そんな読解ができるようになってほしいと思います。**

本書は現代文の核心《コア》ですので、**受験勉強のスタート期、ノリノリ期、直前期、いつでもお役に立ちます。**合格まで、受験勉強のコアとして使いこなしてもらえたら、著者としてこれ以上の喜びはありません。どうか最後までよろしくお付き合いくださいませ。

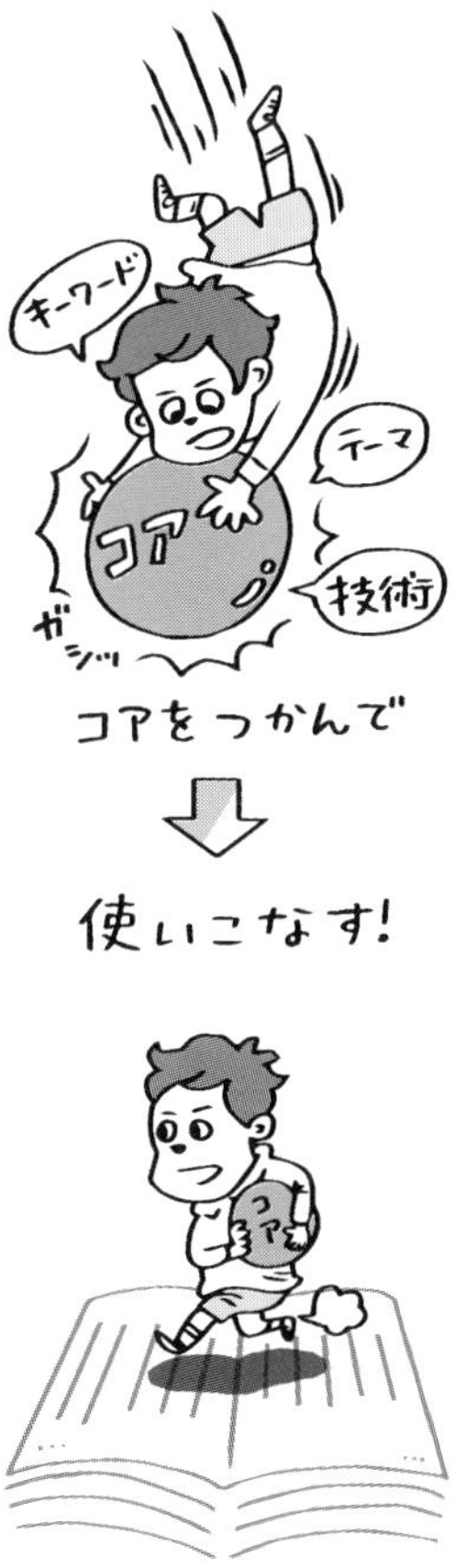

河合塾講師　兵頭宗俊　拝

オコ
ヨシ
ヨシ
キー

ウーム

パラダイム
なるほど!

ソレ!
ダネ!
調和

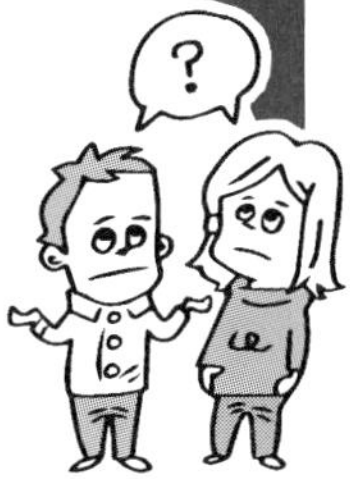

?

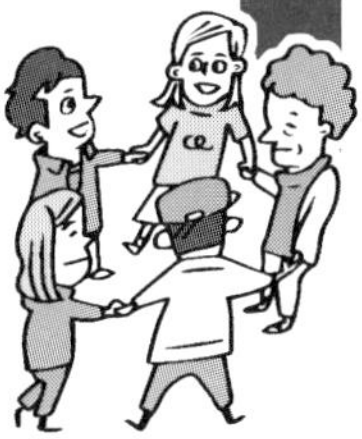

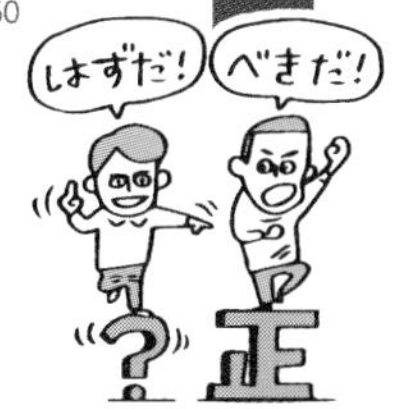

はずだ!
べきだ!
?
正

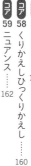

本書の特長

❶ テーマ解説とイラスト図解で、「コア」がわかる！

・入試頻出の最重要テーマを全60のコアに凝縮。
・知っていれば絶対に有利になるポイントが、テーマ解説とイラスト図解によって確実に理解できます。

❷ 関連重要語句で、理解が深まる！

・最新の入試分析をもとに、読解に役立つ語句を厳選。
・テーマ解説と関連付けて確認できるので、難しい語句もすんなりアタマに入ります。

❸ 入試問題チェックで、実践練習ができる！

・最重要テーマの入試出題例を掲載。
・文章の読み方と問題の解き方はもちろん、実際の入試で狙われやすいところまでしっかりわかります。

使える！ 意味付き 索引

巻末の索引には、語句の意味もあわせて掲載しているので、日々の学習や入試直前のチェックにも役立ちます。ぜひ有効に活用してください。

本書で使用した記号

参　語句を理解する際に参考にしてほしい補足的な説明

＝　類義語

↕　対義語

第1章

近代

［Modern Period］

・そもそも近代とは
・合理主義
・科学万能主義
・個人主義
・国家
・近代批判

【そもそも近代とは】

いろいろなものの根っこにある「近代」

入試での出題例
・2019年 神戸学院大(法)
・2019年 大東文化大(文)
・2017年 京都産業大(法)

いま、世の中や人間にいろいろ問題があるとして、未来が悪いせいだというのはムリですので、昔が悪かったせいだとなるわけです。現代に問題が増えれば増えるほど、昔つまり少し前の時代**「近代」**が悪かったとして、近代を分析して語ることが増えてくるんです。

ですから、入試の現代文でいつも出会うのが、「近代」というテーマなのですね。

まず、近代とは、**現代に〝近〟いけど現代じゃない時〝代〟**のことです。時期で言うと、文明開化から僕らのよくわかる現代の手前までぐらいに考えてください。世界史では、ちょっと違うかもしれません。

次に、近代とは、**ふたつの「神」が君臨した時代**のことです。ただ、**このふたつの「神」は短命でした**。なぜ短命だったのかといいますと、ふたつの「神」が、やり過ぎたからです。

ひとつめの「神」は、**「西洋」**という名前の神でした。もうひとつの「神」は、**「変化」**という名前の神でした。ふたつをまとめてこっそり言い直すと、「やり過ぎ神」ですね。

もともと日本人は、じぶんで「変化」を起こすのが得意ではありませんし、「変化」はどちらかというと嫌われがちです。そこに、「西洋」という「神」がドドッとやってきました。

いままでの日本スタイルはダメ！　キミらも「西洋」スタイルを目指して「変化」しなさい！　と、「神」のお告げがありました。というわけで、髪型・服装・仕事・社会制度などなど、いままでの日本スタイルを大慌《おおあわ》てで捨てました。

しかし、いかに「神」のお告げだとしても、実は「やり過ぎ神」なんです。

よく考えてみたら、いままでの日本スタイルは日本に合ってたわけです。もちろん、日本スタイルの中にはダメなところもありました。でも、全部ダメではなかったんですよね。

関連重要語句

□文明開化
文明が進んで世の中が開けていくこと。特に明治時代初期の日本で、西洋文明を取り入れて急速に近代化した現象のことを指す。洋風施設が相次いで設置され、髪型や服装などの風俗の面でも西洋式が流行した。

□脱亜入欧
後進的なアジアから脱却して、欧米諸国の仲間入りを目指すこと。植民地戦争を背景に、明治時代に流布《るふ》していた言葉。

□村落共同体
土地の共有や共同利用に基づいた地縁的なつながりの共同体。近代以前に多く見られ、閉鎖的・自給自足的な性格を持つ。日本の古い農村・山村・漁村では、相互扶助《ふじょ》の精神が強く、村民同士の関係が親密になる傾向があった。

というわけで、「やり過ぎ神」失脚のときを迎えました。短命でしたねぇ。

しかし、気が付いたときには、ほとんどの日本スタイルは、「西洋」へと「変化」しちゃってたんですね。和服の似合ってた若旦那は、上着はストライプでズボンはチェックみたいになってますし、農村から飛び出した若者は、街で迷子になってます。

ここから、軌道修正がやりきれてないまま、現代を迎えました。

日本史ですと、織田信長が、「近代」パーソン的かもしれません。「西洋」を学び、いままでのスタイルを「変化」させました。しかし、やり過ぎたんですね。短命でした。ただ、信長のやったことは消えないまま、秀吉そして家康時代を迎えていきました。**「西洋」と「変化」の「やり過ぎ神」で、短命ですが、次の時代に痕跡が残った**という点で、信長を思い浮かべてもらえば、近代が嵐のような急激変化だったとわかりやすいと思います。

そもそも近代とは のコア

このような時代を反省して、問題点を見つけては語り出すのが、現代文の最頻出テーマ「近代」なんです。

□**人間中心主義**
人間の主体性を重視し、人間が世界の中心的存在であると考える思想。神を中心と考える中世ヨーロッパの思想と対立的に述べられる。

[そもそも近代とは]こぼれ話

他のアジア諸国と比べても、日本の近代化は高速でした。それは、日本に〝これだけは守らせて〟というコアがなく、「西欧」から入ってくるものに対して、抵抗バトルがなかったからです。ですので、高速で「変化」したわけです。しかし、日本が本当に「完全受け容れ」をしたのかどうかは、実はアヤシイようだとも言われます。例えば、言葉です。日本語ベースで、外国語が入ってきて足されただけな感じでしょう。日本スタイルを縮めて、「西洋」スタイルを足しただけにすぎないから、「近代化」が早くできた(ように見えた)のかもしれませんね。

コア
02

【合理主義】「合理主義」は、ほんとうに最高なのか？

入試での出題例

・2019年 関西大（全学部）
・2018年 中央大（経済）
・2016年 京都府立大（前期）

「合理的」とは、行動や考え方が、誰も反論できないくらい〝理〟屈に〝合〟ってる様子を言います。そして、合理的なのが最高！　というスタイルを**「合理主義」**と言います。

近代以前には、根性や情念など、日本スタイルの感性が重視されていました。

近代になって、「変化」が正解という強力な近代「神」のパワーによって、根性や情念など、日本スタイルの「感性」が、「非合理」でダメなやつと判断されました。

で、排除されていって、代わりに西洋スタイルの**「理性」**が、大きな顔をし始めたんです。

かつて、山神様がいらっしゃる聖地への山岳信仰がありました。しかし、理性的な冷たい視線で眺《なが》めたら、「その山神様はどこにいるのか」とか、「山神様のお怒りなんて、科学的じゃない。迷信だ」とかいう判断をされてしまいました。

西洋スタイルの大企業が、山神様のすみかである聖地を切り拓《ひら》き、「理性」によるカンペキな設計でニュータウンを造成しました。「何かよからぬ気がする」という感性を持った地元民は、突き飛ばされてしまいましたね。

ニュータウンができました。だから人口が増えました。だから税収がアップしました。

こんなふうに、**「AだからB」と成り立つのが「合理的」というものでして、説得力がありますよね。**現代でも、コレが基本ではないでしょうか。合理的でない説明をしてたら、相手は聞いてくれないでしょう。

というわけで、突き飛ばされた地元民を見下して、大企業はホラ見ろとイバッてましたが、想定以上の豪雨により土砂災害がおき、ニュータウンがヒドい有様になりました。計算上は大丈夫なはずだったんですが……。

関連重要語句

□世俗化
人間生活を拘束していた宗教などの聖なるものが、世俗的な権威や制度に置き換わっていく社会過程。
↕神聖化

□理性
論理的・概念的に思考・判断する心の働き。善悪・真偽などを正当に判断し、道徳意識を持つ能力についてもいう。

□感性
五感を通じた外部からの刺激を認識する心の働き。物事を心で感じ取る感受性についてもいう。

□対象化
じぶんの感覚や思考など、主観の中にあるものを客観的な対象として扱うこと。

□客観視化
個人的な主観にとらわれず、対象を

人間の「理性」のカンペキさぐらいでは、自然界を扱いきれないわけですね。

つまり、**人間が考えた合理主義で、人間を超えたものについての答えが決まる……なんて単純なわけがない**だろうと。

とはいえ、そこへ地元民が逆襲にきて、「見たか！　山神様の祟《たた》りじゃ」と言うのにも、なかなか賛成できなかったりします。**複雑**です。

もちろん、「合理主義」は、必要ではありますし、いまだに現代人に染みついてます。でも、「非合理」とされた感覚的なものを、ただダメで間違いだといい切るのも間違いなわけです。そういう複雑さを理解しなければいけないのですね。

現代文では、「合理的なのが最高さ」というのは、基本的にはあり得ないお話なんだと思っておきましょう。

僕たちの日常だって「AだからB」だけでは成り立たないですよね。

冷静に見る態度になること。

□均質空間
人工的で安全ではあるが、その土地ならではの特徴が感じられない空間。

□意味空間
その土地ならではの特徴が感じられ、味わい深さのある空間。

[合理主義]こぼれ話

山神様のすみかの聖地など、特別な意味を持つ場所のことを〝意味空間〟と呼びます。秘密基地を作った裏山でも、掛け軸のかかってる床の間でも、〝意味空間〟です。そこから「変化」したニュータウンや、再開発事業でキレイになったけど味わいがなくなった場所などを〝均質空間〟と呼びます。土地の合理的利用なのですが、合理主義のせいで人間から「おそれ」の感覚がなくなったのが問題です。「おそれ」がないと、謙虚《けんきょ》さを忘れてしまいますから。

コア 03

【科学万能主義】科学が人間の対応レベルを超えていく

入試での出題例

・2019年 神奈川大(法)
・2019年 横浜国立大(都市科)
・2016年 国際教養大(B日程)

　人間は、答えが決まらないと不安になります。

　これまた「ＡだからＢ」という近代の合理主義が染みついたからなのでしょう。

と言いますか、近代になる前からも、「山神様のお怒りじゃあ」とか、「あの村人は狐憑《きつねつ》きじゃあ」などと、正しいかどうかはともかく、答えを決めていたわけです。

　近代の「神」である「変化」によって、その「ＡだからＢ」が徹底されることになったんです。Ａがキチンと決まれば、Ｄも決まるはずだ。だから、答えが決まらないなんてことがもしあれば、納得いかないわけです。

　そんなとき、近代の「神」である「西洋」から、「科学」がやってきました。**科学は、確実に答えが決まるどころか、ビックリするほどの結果を出す**わけです。

　近代以前はお侍様が「ウムウム」と筆で手紙を書き、足の速い男（飛脚）が運んでました。しかし、川の氾濫《はんらん》で足止めされて足の速さを発揮できなかったりして、なかなかたいへんでした。そこへモールス電信機がやって来まして、「ツーツーツー」いう具合に、実際の距離なんか関係なく情報が伝わるのを見せつけられました。以下、ガス灯、陸《おか》蒸気などなど、ビックリする科学、つまり「神」西洋スタイルが入ってきます。

　人間はあてにならないことがあるけど、科学は絶対で万能なんだという考え方、つまり「科学万能主義」が行き渡りました。

関連重要語句

□パラダイム
ある時代や社会集団の中で支配的な物の見方や考え方。
＝規範

□制度化
結婚・相続・生活などの社会的な慣習が社会の成員の多数によって受け入れられ、制度として体系化されること。

□人間疎外《そがい》
社会が巨大化し複雑化するにつれ、人間が機械の部品のように扱われ、人間らしさが無視されること。
参 19世紀ドイツの経済学者・マルクスは、資本主義市場経済が形成されるにつれ、労働が生存のための手段と化していき、人間は労働から疎外されると述べた。

□環境破壊
人間活動により、自然や都市の環境

仮に、ガス灯が壊れても、「この部品が壊れた。だから明るくならない」と納得できて、「部品を直した。だから明るくなった」と合理的な解決が可能です。このようなレベルの科学なら、科学万能主義というのもアリでした。ですので、科学は万能なんだと刷り込まれました。

しかし、科学はどんどんと進歩していきます。**いつの間にか、科学は人間の対応可能レベルを超えていた**のです。**人間が作ったはずの科学が化け物になり、人間の枠組や、人間そのものを壊し始めていた**わけです。

例えば、人間の便利さのために開発された携帯電話が、どんどん進歩して、スマホになり、運転中でもいじってないとダメな中毒っぽい人間を生産している現状があります。

それでも、いまだに、「人間が作った科学なんだから、いずれ本気になった人間がコントロールできるさ」と**楽観されている現状**があります。

現代文では、科学万能主義を疑ったうえでどのように科学と付き合うべきかが語られるのです。

科学万能主義のコア

の状態が悪化し、破壊される現象。大気・土壌・海洋の汚染や、地球温暖化などがある。
参 日本では、2011年の東日本大震災による福島第一原子力発電所事故で、放射性物質の放出による環境汚染が発生した。

□**進歩主義** 国家や社会などの矛盾や不合理を変革するために、新しく、より優れたものを追求していこうとする思想。
↔保守主義

【科学万能主義】こぼれ話

明治時代に東京帝国大学の物理学科を首席で卒業して、東大教授になり、理化学研究所にも関係していた寺田寅彦《てらだとらひこ》は、「科学はやはり不思議を殺すものではなく、不思議を生み出すものである」という言葉を残しています。科学をキワメていった方はさすがに鋭いですよね。

コア
04

【個人主義】どこへでもいけるし、何にだってなれるけど……

入試での出題例

・2019年 立教大(社会)
・2018年 明大(文)
・2018年 早大(文)

近代になる前には、**身分制度**がありました。

士農工商なんて習いましたね。居場所や仕事など、生まれつき人生が定まっている感じでした。例えば、農民の子は農村で農業をします。農村は皆、経験者で、コーチであり、仲間でした。窮屈かもしれないけど、先祖代々同じことをしてきましたから、ノウハウの伝統もあり、天災以外ではうまく回していけました。

こういう強いつながりを**共同体**と言います。

そこへ近代の「神」である「変化」がやってきました。士農工商の身分制度が崩れました。農村や武士など先祖代々の共同体も崩れますよね。

ということで、共同体とか生まれつきの人生なんてなくなりましたから、**一人ずつが別々で生きていっていいんだ**というわけで、**「個人」**という存在が現れたのです。

個人次第で、どこへでもいけるし、何にだってなれます。じぶんが何であるのか……をじぶんで決めていいんです。

「変化」の結果として生まれた新しいことに価値があり、早く近代化が進んだ東京なんかでは、「その考え方は古いよ」という具合に、**〔古い＝悪〕**になっています。

しかし、ここには落とし穴があると思いませんか。

新しいということは、先輩やコーチがいませんから、みんな初心者です。**経験値や受け継がれてきたノウハウもない**ので、新しいことというのは、うまくいくとは限りません。

関連重要語句

□個性
個人や個体に特有の性質。
＝パーソナリティー

□アイデンティティ
20世紀アメリカの精神分析家・エリクソンによる言葉で、じぶんが独自の存在であることや、じぶんが他者と違うことを認識すること。
参 エリクソンは、アイデンティティを獲得することが青年期の発達課題であるとした。
＝自己同一性・主体性・帰属意識

□資本主義
土地・機械などの生産手段を私有する資本家が、労働力以外に売る物を持たない労働者を雇い、利潤《りじゅん》を得る経済体制。封建制度の後、産業革命を通じて生まれた。
参 資本主義経済では資本家がより多くの利潤の獲得を求めて資本の蓄積

さらに、「どこへでもいけるし、何にだってなれる」というキレイな夢は、**「どこへもいけないし、何にもなれない」**という暗い現実と表裏一体《ひょうりいったい》だったりします。

共同体を捨てましたから、居場所はじぶんで探さなきゃいけませんし、何かになる！といっても、先輩もコーチもいないわけです。個人になったつもりが、実は「ひとりぼっち」になってたケースはいっぱいありました。もちろんうまくいって「立身出世」もありましたが、イイところだけを強調するのはダメですよね。急ぎ過ぎた近代化の弊害《へいがい》は確実にあったということです。

一方で、近代化を焦った東京から離れたところでは、慌《あわ》てて個人主義になろうなんていう「変化」がおきなかったようですね。その土地の名門を「旧家」と呼んだり、京都や奈良を「古都」と呼んだりして、**〔古い＝価値〕**として、それらには独特の存在感があります。

現代文では、個人主義を認めてはいますが、そんなに単純に「プラスの価値」とはいかないのではないかと見ることが多いのです。

個人主義のコア

や独占が進む傾向がある。
＝キャピタリズム

□市場経済
商品やサービスを、市場を通じて自由に売り買いし、価格の変動を通じて最適な資源配分を行う経済体制。
㊜資本主義では、生産は利潤の獲得のためになされ、市場を通じて生産量の調整が行われる。
↕計画経済

〔個人主義〕こぼれ話

個人主義のつもりでいたら、実はただ孤立してる人だった……なんて、予想外のピンチですね。日本社会は個人主義に冷たくて、属性を気にしてきますね。勤務先・年収・学歴・家族構成……などなど。個人の評価より、ひっついてる価値次第で評価されるところがあるようです。もともと個人主義的な「西洋」のやりかたをただ真似して、日本で個人主義にしようとしても、うまくいきにくいわけですね。

コア **05**

【国家】強制的に固めて作られていった「国家」

入試での出題例
・2019年 東海大(文)
・2019年 明大(商)
・2017年 弘前大(前期)

近代の「神」である「変化」によって、共同体が解体されて、一人ずつの「個人」になりました。その、「個人」が最小サイズです。個人と個人が一緒になって、ちょっとサイズアップしたのが「家族」、家族がいくつか一緒になって「町」……となっていきまして、最終的には最大サイズ**「国家」**が完成しました。

近代になる前の共同体とは異なりますから、みんなが仲間で、同じことをやるわけではありません。かといって、完全にバラバラなのでは、国家も何もありませんよね。

そこで、明治新政府がアレコレと仕掛けたわけです。ただ、あくまで現代文ですので、日本史的な深い話とは違う視点で見ていきましょう。

で、明治新政府の仕掛けです。

国語としての**「標準語」**というのを作りました。明治新政府のある東京の言葉を標準語と呼ばせることによって、**東京が日本の標準なんだと刷り込んだ**わけです。

(鉄道マニアの方には〝そんなんじゃない〟と怒られるかもしれませんが、)東京から発車する鉄道を「下り」として、東京へ向かう鉄道を「上り」としました。東京行きを上り電車と呼ばせることによって、**東京は日本のどこよりも上であると刷り込んだ**わけです。

学校制度を作りました。一日のほとんどの時間を学校に閉じ込めて、**明治新政府が必要とする人材を育てようとしました**。教育とともに近代パーソン製造所でもあったわけです。

当時は共稼ぎ家庭が普通とはならず、基本的に父ひとりが家の外に働きに出ました。**その父ひとりに明治新政府が刷り込みたい思想を刷り込んで帰宅させます**。伝書鳩《でんしょばと》のように父は

関連重要語句

□標準語

教育・公共放送などで用いる規範となり、全国的に理解されうる言語。

参 明治時代の日本では、山の手の東京語が教育を通じて普及され、標準語と呼ばれるようになった。「標準語」という語は、1890年に日本の英語学者・岡倉由三郎《おかくらよしさぶろう》が最初に使ったと言われる。現代では、権威的な語感を避け、「共通語」という場合もある。

□交通・通信網

情報や物体や人間が移動する国土全体に張り巡らされたシステム。

□学校制度

学校に関する教育制度。

参 現在の日本の学校制度は学校教育法と関係法規によって規定されている。近代の学校制度は国家により管理されているが、社会的・歴史的な

家の中の家族に伝えます。中には〝それはオカシイだろ明治新政府！〟という内容もあったはずですが、外とつながってるのは父ひとりだけです。**家庭**単位で刷り込み完了です。

近代になる前は、共同体でしたので、農村なら農村でみんなが意見交換して、アレはオカシイ！　と判断できたわけです。でも、明治新政府の仕掛けでそれも消されていました。

このように、明治新政府は、新しい「国家」をネラッて作ったわけです。

現代文で、国家と社会の区別がつかないとマズイので、ここで確認しましょう。

「国家」は、じぶんで仲間になるというよりは、強制的に固められるのです。明治新政府が作った「国家」の話でもそうでしたよね。

「社会」は、じぶんでつながっていく感じです。「国家」より小さいサイズのこともあれば、「国家」より大きいサイズのこともあります。例えば、学者社会と言えば小さいサイズですし、西洋社会と言えば大きいサイズですよね。

国家のコア

背景の影響も受けている。

□子どもの誕生

従来、大人と区別されず、小さな大人として扱われていたが、大人とは違う子どもという存在を、社会的に制度化したこと。

【国家】こぼれ話

近代に「nation state（ネイションステイト）」という言葉が西洋から入ってきまして、「国民国家」と訳されました。いわゆる国家のことです。これを、もっとサイズアップしたいとムリヤリ動いたのが〝帝国主義〟と呼ばれた動きです。ただし、国家は仕掛けによって強制的に固められただけであるという点から、実は固まりは弱くって、単なるイメージに過ぎないのではないかとも考えられました。「国家とは〈想像の共同体〉だ」といったのが、英国の政治学者ベネディクト・アンダーソンでした。

コア06 【近代批判】やり過ぎへの批判、そして現代へ

というわけで、現代文で「近代」といえば批判されるものなんです。ずばり、「西洋」と「変化」という近代のふたつの「神」こと「やり過ぎ神」のせいなのです。

ここで、改めて批判される近代のポイントをまとめてみましょう。

① **人間がそもそも感覚的なのに、「合理主義」をやり過ぎました**

なんでもかんでも「AだからB」でいけるわけがないんですね。

② **科学はもともと不完全な人間が作ったものなのに、「万能なんだ」とやり過ぎました**

やり過ぎたせいで、科学は人間がコントロールできるレベルを超えていき、化け物になってしまいました。

③ **みんなで生きていた共同体を壊して、個人主義がいいんだ！　とやり過ぎました**

個人主義が可能なのは「個」を確立している「西洋」人だからであって、士農工商関係なくどこでも共同体パーリンだった日本にはムリだったわけです。

④ **急すぎる「国民国家」づくりを、計算だけでやり過ぎました**

もともと共同体という仲間がほぼ全世界だったのに、いきなりバラバラな個人にして、それを急に固めて「国民国家」なんて、どう考えても無理です。そのうち、暴走して帝国主義になったりしてしまいました。理性的に仕掛けて、やり過ぎたんですね。

入試での出題例

・2018年 東京経済大（経済）
・2018年 武蔵大（社会）
・2017年 青山学院大（法）

関連重要語句

□**ポストモダン**
▼24ページ参照

□**接《つ》ぎ木文化**
もともとあった木に、紐《ひも》で別の木を結びつけて、無理やり高く伸ばした様子の文化。

参 文明開化後の日本を指した表現。

□**和魂洋才《わこんようさい》**
「和魂漢才」（日本の精神をもって中国の学問を吸収、消化すること）から転じた語。日本伝統の精神を守りながら、西洋の文化を学び、両者を調和させること。

□**オカルト**
隠れて見えないこと。超自然現象や神秘的現象のことを指す。

参 19世紀フランスの神秘思想家レヴィが、占星術・カバラ・錬金術などの魔術的知識をオカルティズムとして再興した。日本では、１９７０

注意したいのは、**批判であって、否定ではありません**。否定はゼロです。**批判とは、希望があるからする厳しい指摘のことです**。現代に希望を持ちたいから、近代に厳しい指摘をするわけです。というのも、現代は近代があって出てきます。現代が近代の続きだというのは、わりとあちこちで実感できるものです。

小さいころに夢中になった変身戦隊モノを思い出してみましょう。敵の怪人は悪い。だから変身戦隊が戦う。変身戦隊は正義だ。だから勝ちます（①）。変身戦隊は、怪獣が巨大化しても、ハイテク巨大ロボで戦います（②）。変身戦隊のメンバーは、ふだん何をしてる人たちなのかよくわからない感じですが、そんなことはいいんです。個人なんです（③）。最終回では、怪人の星を破壊して変身戦隊が勝利を収め、バイクでどこかに去って行きますが、怪人の星は、悪100パーセントだったのでしょうか。いえ、考えなくてもいいんです（④）。このように、近代的な要素はいっぱいあるわけです。

現代文では、近代への批判について、その中味と現代へのつながりを意識しましょう。

近代批判 のコア

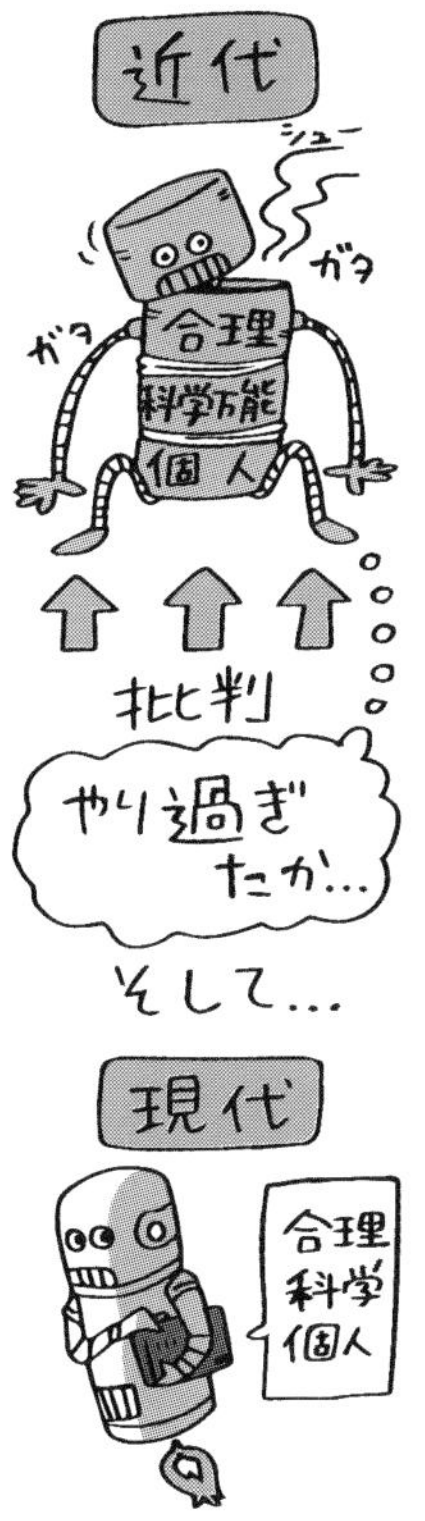

年代・1990年代に心霊やUFOなどの超自然現象に関する知識がマスメディアなどで頻繁《ひんぱん》に取り上げられ、ブームとなっていた。

〔近代批判〕こぼれ話

1942年ですから、太平洋戦争が始まった直後ですが、『文學界』という雑誌に、座談会の模様が掲載されました。その座談会のテーマは「近代の超克《ちょうこく》」。日本の近代化の問題から西洋スタイルを克服しようという内容でした。当時から近代批判と類似した考えがあったとも言えますし、戦争開始時にぴたりときた感じだともいえますね。戦後に、改めて研究テーマになりました。

入試問題チェック

2017年弘前大（前期）

周東美材《しゅうとうよしき》『童謡の近代』より

一九二〇年代の日本の社会変動は、**村落部**の伝統的な宗教的共同性を弱体化させた。都市化は従来の共同性を瓦解させ、都市部に一種の**アノミー**状態をもたらした。童謡の創作運動に関わった鈴木三重吉、北原白秋、野口雨情、中山晋平、草川信などもまた、故郷喪失を経験した若き都市漂流者たちの一部だった。とはいえ、既成宗教、階級、言語、人種、土着の文化などは、彼らの**アイデンティティ**の拠り所とはなりえなかった。「ストレイシープ（迷える羊）」ともいうべき都市の不安定な漂流者たちにとって、新しい社会と「新しい生き方」を講究することは、じつに切なる課題であった。

都市の群像は、自らを社会的に包摂する超越性、世界観を開示し自らを救済する超越性を新たに必要としていたわけである。

社会の構造的な変容と再配置が進むなかで、故郷を離れ、都市での生活基盤を切り開きつつあった新中間層は、「近代家族」という家族のあり方を現実のものにしていった。「近代家族」とは、近代**国家**によって制度化され管理された家族であり、国民国家の基礎単位とされる家族のことである。

一九二〇年代前後において家族の「新しい生き方」として、多用された標語は**「家庭」**と「一家団欒」である。**明治時代の輸入語**であった「家庭home」は、明治以来、理想の家族の生活として熱心に語られてはいたが、大正時代に入ると新中間層家族の実際的に生きるべき理想として追い求められるようになった。

「一家団欒」もまた、理想的な家族生活として明治以来語られてきた。一家団欒は、ただ語っていればよいものではなく、団欒が実現するためには、空間的・技術的な基盤や、具体的で身体的な実践が必要だった。

一家団欒を実現するひとつの方法として一九一〇年代から音楽雑誌のなかで流行したのが、

重要語句の確認

□**村落部**
➡8ページ「村落共同体」参照

□**アノミー**
社会規範が失われた状態。ある社会の解体期に発生する。フランスの社会学者・デュルケムによる用語。

□**アイデンティティ**
➡14ページ参照

□**国家**
➡コア05参照

□**家庭**
➡コア05参照

□**明治時代の輸入語**
➡コア01参照

□**具体化**
➡62ページ「具現化」参照

□**言説**
➡104ページ参照

「家庭に音楽を」というスローガンであり、家庭音楽という語だった。そもそも近代家族の成立以前には、家族全員が共有するような娯楽自体、その必要が認められていなかった。だが、音楽は団欒を**具体化**し、あるべき家族にとっての情緒的結合の実践方法になると考えられるようになったのである。洋行経験のある音楽家や知識人は、音楽的で家庭的な西洋と非音楽的で遅れた日本という対比を強調し、芸術性と趣味性の高い音楽のある家庭を求めていった。

　もっとも、一九一〇年代の家庭音楽をめぐる**言説**もまた、ただちに具体的な実行を伴うものというよりも、理想として論じられた側面が強かった。だが、一九一〇年代末から二〇年代に入ると、家庭での音楽は、目指すべき理想から、実際的なものへと移行していった。そのとき誕生したのが、童謡だったのである。

問　傍線部「そのとき誕生したのが、童謡だったのである」について、筆者は「童謡」がどのような役割を担ったと考えているか。最も適当なものを選択肢より選べ。

ア　レコード産業を通して人々に受け入れられ、趣味性の高い家族生活という理想を広める役割。

イ　子どもばかりでなく家族全員に共有され、失った故郷を懐かしむ思いを大人にもたらす役割。

ウ　家庭で共有される音楽として、家族の情緒的な結び付きを生み出して一家団欒を実現させる役割。

エ　洋行経験のある音楽家や知識人から、非音楽的で遅れた日本の幼稚な音楽として批判される役割。

オ　一九一〇年代から音楽雑誌のなかで流行し、音楽のある家庭という理想を人々に共有させる役割。

！注目ポイント

冒頭に、一九二〇年代という、「近代」を示す言葉がありますね。ここにピンときてください。わざわざ時を示すということは、この「近代」が、他の時とは異なるからです。"近代より前から近代へ"なのか、"近代から現代へ"なのか、変化が書かれていると予想して読んでいくとよさそうです。「村落部の宗教的共同性を弱体化」そして「近代国家によって制度化」など、変化が書いてあるのを発見できたら、よしよし！という感じですね。

　変化は「変化する前＋変化した原因＋変化した後」で整理するとわかりやすくなります。

解説

近代になる前は、村落部に伝統的な宗教的共同性がありました（変化する前）。そこには「子ども」は存在していなくて、「小さな大人」として場合によっては労働力だったんですね。

一九二〇年代、日本には社会構造の変化が起きました。それによって、村落共同体はなくなり世俗化したわけです（変化した原因）。

しかし、〝今から都市です、村落共同体はもうありません〟となっても、急には新しい生き方がわかりません。迷子たちがいっぱいいるような、不安定な状態になってしまいました。そこで国家は、迷子たちを迷わないようにまとめて、「国民」として制度化していくのですが、その国民国家の基礎単位が「家族」でした。そして、家族の中に「子ども」が誕生しました。「子ども」って、大人とは異なる独自の存在として近代に初めて誕生したものなんですね。その子どもを要にして、音楽によって一家団欒するような情緒的結合が、近代都市の理想の家族だったわけです（変化した後）。

解答

ウ

傍線部に「そのとき」と書いしてあります。指示語ですので、前をまとめるサインですね。としますと、傍線部は前に書いしてあった話をまとめたら解答ができます。「一九二〇年代の家庭での音楽」の話です。

傍線部のひとつ前の、21行目からの段落で「家庭に音楽を」の話をしていまして、音楽が家族の「情緒的結合」になると考えられていたと書いてありますね。

アはレコード産業で×。イは故郷を懐かしむ大人で×。エは批判される役割で×。オは音楽雑誌の中で流行で×。

もうひとつ、チェック

「時を示す言葉が出てきたら、他の時も意識する！」はマストアイテムです。

例えば、〝オッ近代が出て来たゾ！　どうせ現代が出てくるんじゃないか〟なんて考えるわけですね。

近代vs現代。こういうのを二項対立と言います。しかし、イマドキの現代文は長文化傾向ですので、さらに他の時が出てくる可能性があります。〝近代vs現代vs今後の予想〟とか、〝近代vs現代vs近代より昔〟なんてイメージです。

はじめから二項対立と思い込んでたら、3個目を発見しにくくなりますので、ご注意ください。

第2章

現代

[Modern Era]

・そもそも現代とは
・高度情報化社会
・大衆社会
・演技性
・多様性
・監視社会

コア 07

【そもそも現代とは】近代から「続いている」が、近代とは「違う」もの

入試での出題例
・2019年 一橋大(前期)
・2019年 中央大(経済)
・2019年 明大(国際日本)

近代の次が現代です。なんて言いますと「あたりまえだろ」と叱られちゃうかもしれませんが、ここが重要な意味を持つんです。

重要なポイントはふたつです。

① 近代から「続いてる」わけです

近代を全部捨てて、現代にはなれません。近代のアレコレが**〝続いてる〟**顔があります。

② 近代とは「違う」から、近代とは言わず現代なんです

近代のアレコレが**〝ひっくり返ってる〟**顔もあります。

昔、プロレスの実況中継で、古舘《ふるたち》アナが「でたー！ アルバトロス殺法！ 決まったー」と言っているのを聞いて、友達と僕は「すげー！ アルバトロス殺法！」と興奮してました。カタカナ、カッコイイです。これは、近代の「神」は「西洋」だという続きですので、現代の顔①です。

のちに、アルバトロスが日本語で〝あほうどり〟だと知ったときはショックでした。友達と英単語学習の重要性を強く感じた瞬間でしたね。これは現代の顔②です。とにかく「西洋」のものはイイのだ！ という近代がひっくり返りました。

このような、①と②を合わせたふたつの顔があるのが、現代なんです。

関連重要語句

□**ポストモダン**
近代合理主義を否定し、超えようとする芸術運動。現代が、近代（モダン）が終わった後（ポスト）の時代であることを強調する表現。
参 元は「機能主義に代わる新しい建築」という意味の建築用語だったが、20世紀フランスの哲学者・リオタールが社会的な意味で用いて広まった。

□**冷戦の終結**
アメリカ合衆国とソビエト連邦という二大国の対立（二項対立）が終わったこと。

□**エコロジー**
生態学。生物とその周りの環境の相互関係を研究する学問分野。
参 近年では、「環境保全」「地球環境に負荷をかけない」という意味合いで使われることが多い。

□**シラけ・悟り**

ふたつの顔なんて、ハッキリしないなあと思ってくれたら、その通りです。

現代は現実が揺らいでいて、ハッキリしないのです。そこから現代のいろんな特徴が発生してきます。

そして、**何より現代についてハッキリしないのは、現代が完結してないからです**。完結したら、アレコレと語れます。だから近代についての現代文はめちゃめちゃ多いわけです。

しかし、近代の次にある現代については、〝近代の延長〟として語ったり（①の顔です）、近代がイヤなので〝近代がひっくり返ったもの〟として語ったり（②の顔です）します。

このように、**ハッキリしない現代を、ハッキリさせようとするのが、「現代をテーマにした現代文」なんですね**。

特に、いま僕たちが生きてる時代を語ってくれますので、わかりやすいぶん、わかった気になってじぶんでストーリーを作る危険性もあります。必ずチェックしておくべきコアを、本書でマスターしてください。

そもそも現代とはのコア

野望を持たず、世の中を冷めて見つめる態度。若い世代を指すことが多い。

□**退廃**
道徳的な気風がすたれ健全な精神を失うこと。
＝デカダンス

□**シュークリーム化**
歯ごたえがなく、柔らかくて甘いものばかりが求められる現代を揶揄《やゆ》した表現。

[そもそも現代とは]こぼれ話

現代は「消費社会」だそうです。消費の反対は創造です。つまり、現代はつくらず消費する時代だ……なんて言えば、それっぽいですが、消費を言い換えたら、使い捨てってことです。ガチッと守りたい絶対的なモノはなくて、その場その場の使い捨てでいいやと言う時代だとか。高級ブランド商品が苦戦して、1年使えたらいいやという安価な商品が人気になるわけですね。

コア 08

【高度情報化社会】みんなと同じ「正解」を求めて……

入試での出題例
・2019年 静岡大(前期)
・2018年 山形大(前期)
・2017年 九大(前期)

情報化社会が進み、「高度情報化社会」になりました。

ところで、よく見かける**「○○化社会」というのは、「○○に注目な社会」ぐらいの意味**だと考えてください。例えば、「高齢化社会」なら、「高齢に注目な社会」ですね。このようにしたら、いくらでも応用が効きますよね。

情報化の反対は工業化です。実際に工場で物体を作ることです。さかのぼりますと、日本は農耕民族ですから、米や野菜を作っていました。手にとって実感できるモノ、手で触って実感できるモノ、つまり**「形」を作るのが工業化社会なのです**。

その反対が、情報化社会ですから、手にとって実感はできませんし、触ることもできません。**情報とは、「形のない」イメージだからです**。「イメージに注目な社会」が、「情報化社会」なんですね。

現代は、その情報化社会が、さらに高度になりました。

現代とは、近代が〝続いてる〟顔と、〝ひっくり返ってる〟顔のふたつの顔があるのでしたね。

コレは、〝ひっくり返ってる〟顔です。近代の「個人主義」に疲れちゃったんですね。

それで、たくさんのメディアが発信してくる「同じイメージ」を、正解ってことにしとこう……って世の中になりました。

正解がスパッと決まる点では、高度情報化社会は**「効率的」**と言えますね。そして、じぶんの目で現実に見られる範囲よりも多くの正解がわかるので、**視野が拡大する**とも言えそう

関連重要語句

□**価値画一化**
何が大切なのかが、利害関係のない多くの人に共通するようになること。

□**現実の逆転**
イメージが行き渡ったせいで、現実のほうが虚偽《きょぎ》に見える現象。

□**即自的**
物が他の物と関係なく、自足して存在する状態を指す哲学用語。
参 18〜19世紀ドイツの哲学者・ヘーゲルは、即自とは物事が、他との関わりによって規定される段階に達していない状態を指し、「即自・対自・即自かつ対自」は弁証法の「テーゼ・アンチテーゼ・ジンテーゼ」に対応する概念とした。

□**メディアリテラシー**
インターネット・テレビ・新聞などのメディアの伝える情報を主体的に活用し、批判的に見きわめる能力。

です。

ただ、ほんとうは、それがハッキリと正解なのかどうかは、わかりません。

でも、どこかで聞いたことがあって知ってたり、すぐにハッキリしたりするモノが、なぜか堂々と「コレが正解だよー」という顔をしてるから、正解ってことになってるんですね。

これを**価値画一化**なんて言います。現代の特徴のひとつですね。

現代は、多数派形成ゲームの側面があるので、画一化された価値は強力です。ほんとうの正解かどうかはおいといて、正解ヅラしちゃうわけです。もし、ほんとうの正解が発見されても、今さらそれはナシ。ウソ扱いです。

これを**現実の逆転**なんて言います。これも現代の特徴のひとつですね。

高度情報化社会になりまして、**メディアがたくさん「正解」を発信してますから、現実の逆転は加速しているようです**。「みんな」がそうだから……で自分もやってみて、うまくいかなくても、「みんな」は知らんぷりです。「正解」の根拠にアンテナをはりたいですね。

高度情報化社会のコア

参 例えば、広告媒体《ばいたい》では、スポンサーにとって都合のいい情報が伝えられがちな点を考慮《こうりょ》して、情報を取捨選択する力。近年では、SNSなどを通じて自ら情報発信する力も含む。

□**既知**《きち》
すでに知っていること。
↔未知

[高度情報化社会]こぼれ話

お亡くなりになりましたが、ナンシー関というエッセイストがいました。愛のある毒舌《どくぜつ》でマニアックな支持がありました。そのナンシー関の本の中に、「芸能界の御意見番《ごいけんばん》……誰が認めたのか。御意見番ぶることが御意見番になる道だ」という旨のフレーズがありました。カタいことは書いてありませんけど、現実の逆転を見破ってらしたわけですね。

コア
09
【大衆社会】大衆に埋もれていたいけど、やっぱり尊重されたい

入試での出題例
・2019年 関西大(総合情報)
・2019年 千葉大(教育)
・2017年 学習院大(経済)

現代は、現実が揺らいでいて、どうもハッキリしない時代なんでした。

としますと、「じぶんはこうなんだ!」「じぶんにしかできない夢まっしぐら!」というふうに、じぶんをハッキリさせることは避けたい。出る杭《くい》は打たれますし、出過ぎた杭は抜かれますから。

じぶんアピールをしないほうが安全圏にいられるということで、みんなが野望を見せない**「大衆」**になりました。近代が〝ひっくり返ってる〟顔のほうですね。近代的「個人主義」に疲れちゃったわけです。

大衆社会に埋もれていますから、大きなことを考えず、趣味は**サブカルチャー**の世界にたのしく浸《ひた》ることです。「これを知った。だから人生にこうやって役立つのだ」なんて近代的「合理主義」なことを考えるのは野暮《やぼ》ってものです。

「じぶんにしかできない」というプロ意識もそんなにないから、**プロ意識よりも身近な感じが好みです**。アイドルや芸人も**素人《しろうと》**っぽいのが好みになります。

つまり、現代は、「じぶん!」というプロ意識が暑苦しくって、大衆社会がラクだし素人っぽいのが気楽……と見えます。

しかし、現代はふたつの顔を持つ時代なんでした。

大衆社会に埋もれながら、実は「個人主義」なところはあります。「隠れ個人主義」とでも言うのでしょうか。こちらは、近代から〝続いてる〟ほうの顔ですね。

例えば、有名人がじぶんの気に入る発信をしたら、うれしいし推していきます。逆に、じ

関連重要語句

□**サブカルチャー**
正統的・伝統的な文化でなく、社会の支配者層や多数派とは異なる特定の社会階層の固有の文化。
参1960年代におけるヒッピーカルチャーなどがその例である。日本では、アニメ・漫画などの大衆的な趣味を指していうこともある。
＝下位文化・部分文化

□**素人《しろうと》**
その事に経験が浅く、未熟な人。その道で必要な技能や知識を持っていない人。また、その事を職業・専門としていない人。

□**迎合《げいごう》**
じぶんの考えをまげて、他者の考えを受け容れて気に入られるようにすること。

□**マスメディア**
新聞・雑誌・テレビ・ラジオのよう

ぶんがカチンときたら、素顔を隠した大衆のままでひたすら叩きます。炎上というやつです。**なんだかんだで、じぶんを認めて、キチンと扱われたい気持ちがあるわけですね。**

このせいで、現代は**マスメディア**のバラエティ番組などの軽め分野から報道番組や政治などの硬い分野まで、大衆の人気取りである**ポピュリズム**になってしまったと問題視されます。はじめからウケルことを探って発信することが重視されますが、そのウケル相手は大衆であって、素顔がわからないので、どんな素顔の大衆にもカチンとこられないように、無難なほうへ無難なほうへ進んでいきます。

結局、ポピュリズムで人気取りをしようとしたら無難なツマラナイものになってしまうのです。

現代文でも、大衆社会とポピュリズムの問題が語られます。見えない大衆の怖さと、とりあえず人気取りをすることで無難に流していこうとするやり方が問題なのだとわかっておきましょう。

大衆社会のコア

な、不特定多数へ情報発信する伝達手段。

□**ポピュリズム**
大衆の支持を背景とする政治思想。カリスマ的指導者が、単純労働者層などの不満を吸いあげて、既存《きそん》のエリート層やマイノリティ（少数派）を攻撃することで支持を得る場合が多い。
参 近年では、人気取りに終始して政治的成果を軽視する政治家やその活動に対して、批判的に用いられる。
＝大衆主義・大衆迎合主義

【大衆社会】こぼれ話

「三高」というのをご存じでしょうか。昔、女性が男性に求める条件みたいなものでした。高学歴・高収入・高身長だそうです。ギラギラしていた時代だったのでしょうね。今は、「三低」男性がイケてるそうです。低姿勢・低依存・低リスク。やはり、現代は大衆社会であるという指摘は、鋭いのでしょうね。

コア 10

【演技性】キャラを作って合わせていくのが安全？

入試での出題例
・2019年 学習院大(経済)
・2019年 明大(文)
・2016年 駒澤大(グローバル・メディア・スタディーズ)

「いま、素になってただろ！」なんて聞いたことがあります。つまり、前提として、「素」じゃないのですね。

現代は、素を見せず、あまり目立たず、悪目立ちもしない。そんな**キャラクター**を作り、それを**演技**して過ごしていく時代だと言えそうです。

臨床哲学者の鷲田清一《わしだきよかず》先生には『「キャラ」で成り立つ寂《さび》しい関係』という論文があります。現代は、キャラでやっていかざるを得ないわけですね。

なぜなのかと言いますと、**現代は、今のこの場面で何が正解なのか、ハッキリしません**。ですので、**空気を読んで、正解イメージにじぶんを合わせていくのが安全なんです**。

こういうのを昔から「世の中には、**同調圧力**がある」と言ってきたのですが、現代はコレがだいぶ強いようです。多数派形成ゲームなんていうこともあります。いまどれが正解なのかなと空気に合わせて動きます。まわりの反応を注意深く観察して、「よし、じぶんの動きは正解だった！」こういうことのようです。

ですので、空気を読み間違えては、大問題です。本気ではなく、キャラで合わせただけなのに、それで叩かれたら、残念過ぎますもんね。

そこで、やたらと聞くのが「**カリスマ**」という言葉です。

カリスマとは、もともと神から与えられた超人的な能力のことを言うのですが、「カリスマ○○」というのを、やたらと耳にするようになりました。

ここでいうカリスマは、そんな超人的能力保持者というよりは、**同調して合わせておいたら安心な存在……くらいの意味**なのですよね。

関連重要語句

□**同調圧力**
集団の中で、少数派に対して、多数派と同じように考えて行動するように、暗黙《あんもく》のうちに強制すること。

□**SNS**
Social Network Service または Social Network Site の略。コミュニケーションを支援するインターネットサービスやウェブサイトを指す。参代表的なSNSには「Facebook」「Instagram」「Twitter」「YouTube」「LINE」「GREE」などがある。

□**コンプレックス**
▼80ページ参照

□**カリスマ**
ギリシャ語で、「神の賜物《たまもの》」の意。19～20世紀ドイツの社会学者・ウェーバーが支配者に見られる「自然的、超人間的な力を持つ資質」という意味の言葉として広めた。転じカリスマが、コレが正解だ！　と示してくるので、ソレが正解ってことになります。**「現実の逆転」**です。そして、現代は**「価値画一化」**ですので、カリスマの**模倣**《もほう》つまりマネをしておけば、「いいね」評価をもらえます。正解なのかどうかがハッキリしなくて不安になることもありません。安全な大衆でいられるわけです。多数派形成ゲームの勝利者ってことですね。こちらは、近代的「個人主義」とは違います。**近代が〝ひっくり返ってる〟ほう**だと言えます。

ただし、「カリスマ」もほんとうの超人的能力保持者ではありませんので、失脚のときを迎えます。近代の「やり過ぎ神」もカリスマでしたが、短命で失脚しましたよね。カリスマが示してくる正解に、大衆が「同調したくねー」「演技したくねー」となりますと、**急に風向きが変わる**ものなんですね。**結局、カリスマも人気取りのポピュリズムと無関係ではいられないわけです。**

演技性のコア

て、人の心を引きつける強い魅力やそれを持つ人のことを指す。

□**模倣**《もほう》
人の動作などをまねること。
参19世紀フランスの社会学者・タルドは、人々が無意識に模倣を行い、それを反復することにより、社会現象が発生することを説明した。

〔演技性〕こぼれ話

演技の社会でコワイのは、しょせん演技であって、本音はわからないということです。イイヤツという仮面（これをラテン語でペルソナと言います）をかぶって生活していますが、その仮面を外す場面があるわけですよ。その素顔、どんなのでしょうか。素顔になった「イイヤツ」が、学校闇サイトに怖ろしいことを書き込んでいるかもしれませんよ。演技性社会の問題点でしょうね。

コア 11

【多様性】ハッキリしない時代だから、いろんなものが出てくる

入試での出題例

・2020年 関西大(経済)
・2018年 早大(法)
・2018年 中央大(商)

現代は、ハッキリしない時代なのだと、確認してもらえましたでしょうか。

近代のように、わかりやすいスバッとした「これだけが正解！」がありません。ですので、いままでは「もしかしたら不正解なんじゃないか……」と思って**隠れていたものが登場しやすくなった**という、いい面があります（もちろん、隠れていたものが登場して、悪くなった面もありますが、それは次のコア12にてお話しします）。

ただ、まだまだ理解が行き渡っていないためか、そのあたりを話すには、カタカナを使うことが多いです。日本社会に定着したら、該当《がいとう》する日本語ができてくるはずです。

現代文で見かけるものを並べてみましても、「ジェンダー」「フェミニズム」「マジョリティ」「マイノリティ」「グローバリゼーション」などなど。やはりカタカナですね。カタカナのままでは誤解するおそれがありますから、確認しましょう。

「ジェンダー」とは、**社会的な性**のことです。比較相手は「セックス」で、こちらは生物的な性です。社会的な性は、社会によって作られたイメージでして、「男の子なんだから強くなりなさい！」「あの子は女らしさに欠けるんだよな」なんていうのが、ジェンダーなんです。現代ではダメなことだとされています。

このなかでも、**女性が特に、ジェンダーによるイヤな扱いを受けているとして、キチンとしてほしいという考え**を**「フェミニズム」**と言います。

「マジョリティ」と「マイノリティ」はよく聞くようになっています。**「マジョリティ」**は**多数派**です。メジャーと関連する言葉ですね。**「マイノリティ」**は**少数派**です。マイナーと

関連重要語句

□**カルチュラルスタディーズ**
20世紀後半に主にイギリスの研究者グループの間で始まり、後に各地域へと広まった、文化に関する学問研究の潮流《ちょうりゅう》を指す。政治・経済・社会・歴史・音楽・文学・映画などを含む幅広い領域から、文化に関わる状況を分析しようとするもの。

□**サステナビリティ**
自然と共生する持続可能な社会システムを目指す環境保護思想のキーワード。
参 近年、企業の社会的責任（CSR）の視点からも、サステナビリティへの取り組みに高い関心が集まっている。
＝持続可能性

□**コスモポリタン**
国家の枠組を超えて、全世界を一国と考える人。

関連する言葉ですね。多数派だからといって、少数派を無視したり否定したりしてはいけないとの話は、現代文でも見かけます。わざわざ言わなきゃいけないくらい、現代はみんなに合わせて大衆に入っておくという多数派形成ゲームなんでしょうね。

「**グローバリゼーション**」とは、**世界がひとつになること**です。昔は国際化なんて言いましたが、それはあくまでも国家と国家がつながろうということで、国家がガチッとあるわけです。しかし、グローバリゼーションは、**ビジネスも文化も人間も国境を越えて自由になる感じ**です。

いまや、ひとつの国家だけでビジネスも文化も完結……はムリですよね。日本のなかで組みたい会社がなければ、イギリスの会社と組めばいい。日本映画の特殊《とくしゅ》メイクはハリウッドのスペシャリストにお願いする。こんなふうに、これからはもっと進んでいくでしょう。

ひとつ心配なのは、それによって地球サイズの多数派が生まれたら、少数派はどうなるのか……ということです。それを弱肉強食ととるのか、セーフティーネットを準備するのかは、コア44でまた出てきます。

多様性のコア

＝世界主義者

□遺伝子組み換え
異なる種の生物から抽出したDNAを、試験管内で切断し、人為的に新たにつなぎ換えて新しいDNA分子を作ること。遺伝子構造の解析や遺伝子工学などに利用されている。バイオテクノロジーの一種。

□バーチャルリアリティ
コンピューターの画像や音声などによって人工的な環境を作り出し、あたかも現実であるかのように感じさせること。
＝仮想現実感

[多様性]こぼれ話
現代は、「演技」して「多数派」形成ゲームで「大衆社会」かと思いきや、「多様性」です。このように、いろんな要素がからんでいる状況を複雑系と呼びます。構成要素に分解して、検討して、それらを足し算しても、答えが出ないんですね。

コア 12

【監視社会】リスクをゼロにすることのリスクとは？

入試での出題例

・2020年 早大(文)
・2019年 関西学院大(教育)
・2018年 学習院大(文)

現代は、今まで「もしかしたら不正解なんじゃないか……」と思って、隠れていたものが登場しやすくなったわけですが、悪い面もあります。

例えば、世の中を見渡しても、マナー違反《いはん》、モラル破壊《はかい》な存在、つまり**リスク**が目につくことがあります。けれども、大衆社会ですので、「俺が注意してやる！」なんて、ストロングパーソンはあまりいません。

注意して直そうとするのは、現代文でいう「批判」と同じで、期待がある証拠と言えますが、現代ではそのようにはならなくて、リスクなんか排除したらイイとなるわけです。**セキュリティ**保証が欲しいんです。そのためには、**絶えずリスクがないかを監視して、リスクっぽかったら排除が望ましいとなります**。

この監視装置を**パノプティコン**と言います。一望監視施設と訳されます。中央に高い監視塔を置き、そこからすべての牢屋《ろうや》が見えるという監獄《かんごく》の形です。監視パーソンは高い塔から下を見渡します。**俯瞰《ふかん》**しているわけです。監視する側は特権意識があるものです。テレビのドッキリ番組の視聴者も、そういうところがあったりしますし。

社会でひどい事件がおきるたびに「防犯カメラの設置を！」と叫ばれますが、言い方を変えたら「監視カメラ」です。僕らは牢屋に入ってないのに監視されますし、それでもいいという風潮があるようです。

で、この監視が知らないうちに、知らないところに、たくさん行き渡っています。GPS機能ぐらいなら露骨《ろこつ》ですが、知人のマンションを訪ねたときの様子が誰かに監視され、録画され、そのデータがどこへ行ってるのか、わかりません。

関連重要語句

□**リスク**
予測することができない危険のこと。また、損害を受ける可能性のことを指す場合もある。

□**セキュリティ**
保安。防犯。人身、資産、コンピューターシステムなどを害から保護するための警備全般。安全性を保つこと。

□**パノプティコン**
中央に高い塔を置きそれを取りまくように監房をもつ円形の刑務所施設。囚人は看守の様子を知ることができず、監視されていることを常に意識することになる。
参 18～19世紀イギリスの法学者・ベンサムにより考案され、各国の刑務所で採用された。20世紀フランスの哲学者・フーコーは、少数の権力者が個人を管理している社会システムをこの施設にたとえた。

それでもリスク回避できるならそのほうがマシだ！　とにかくリスクはゼロにしなきゃダメなんだッ！　そういう風潮が強いようです。リスクがあってもいいのか？　と言われて、いいと答える人はたぶんいませんから。

現代文では、その先のコワさがテーマになります。**リスクをゼロにしようとするコワさ**です。

ふー、リスクを排除した……。次はアレがアヤシくないか、リスクは未然に防ぐぞ、排除だ……。待てよ、あそこにいるやつ、ちょっと目つきがおかしくないか、排除だ……。行き着く先には、誰も人間が残ってないかもしれません。ふつうにしてるはずのじぶんも、どこかの段階でリスク認定されたら、待ってるのは排除です。ゼロリスクはゼロパーソンへ向かってしまうとでも言えますかね。

人間の安全のための監視が、人間を追い詰める状況になるのではないか。このように現代文では、指摘されるわけです。

監視社会のコア

＝一望監視施設・万視塔

□**俯瞰《ふかん》**
高い所から見下ろすこと。転じて、広い視野で物事を見ること。
＝鳥瞰

□**インフラ**
産業や社会生活の基盤となる施設。英語の infrastructure の略。学校や病院など、生活に必要な社会資本も含まれる。

□**デオドラント信仰**
汗や臭いなど、マイナス要素一切無しを追求する過剰《かじょう》な気持ち。

［監視社会］こぼれ話

グリコ森永事件の犯人〝キツネ目の男〟ではないかと疑われていた宮崎学が書いた『突破者』という本には、「若手官僚の書いた論文に驚いた」と書いてあります。「徹底した異物排除の上に、清潔さのファシズムを本気で追求している」からだそうです。それは、スーパーデオドラント社会とも言われますね。

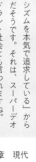

入試問題チェック

2019年静岡大(前期)

国谷裕子「ポスト真実時代のジャーナリズムの役割」より

視聴者は、あらかじめ自らが持っている感情を大事にし、たとえそれが偏見であろうと、その感情に訴えかけてくる情報に**寄り添ったほうが〝楽〟**なのだ。しかし、だからこそ、ジャーナリズムは存在しなければならないとハルバースタムは二五年前に語っていた。感情的な訴えかけのほうが人々に影響を与えるからこそ、それに抗するように、ジャーナリズムは、人々がその偏見を乗り越えて、世界をありのままに見ることができ、より深い理解に至ることに役立たなければならないのだ。

このことは、**メディア**に関わる者にとって自明だったはずであり、とりわけテレビ**メディア**という、映像を主体とする**メディア**にとっては、感情に訴える要素が多いだけに、このことは重要だと私には思えた。テレビの報道番組において、視聴者の感情に寄り添おうとするテレビ**メディア**が陥りやすい誘惑からどう逃れるかをつねに意識すること、二三年間の「クローズアップ現代」の経験はそれを教えてくれていたのだ。

しかし、その思いとすれ違うように、ポスト真実の時代は到来した。

メディアの視聴者や読者は、いまや〝楽〟であるからだけでなく、より積極的、能動的に、自らの感情や思いに沿ったものだけを、**メディア**が提供する情報のなかから選ぶようになったのだ。そして、そのことは、もう一歩進んで、自らの感情が一体化できる情報をより多く提供してくれる**メディア**だけに接するようになる傾向をも示している。情報を**メディア**から選択するのではなく、一体化できる**メディア**の選択へという変化が生まれつつあるように思える。

こうして、視聴者や読者、現在の**メディア**の受け手は、これまでメディアを通して得ていた、異質なものに触れる機会を失いつつある。

この背景になにがあるのか、明確な答えはない。しかし、この傾向が強まっていく社会に

重要語句の確認

□**寄り添ったほうが〝楽〟**
➡コア08参照
➡コア10参照
□**メディア**
➡コア08参照
□**経済格差**
➡コア45参照
□**異質なものは排除していく**
➡コア12参照
□メディアリテラシー
➡26ページ参照
□**共感を得やすい情報**
➡コア09参照
□**同調圧力**
➡30ページ参照

起こっていたのは、**経済格差**の拡《ひろ》がりと、それがもたらす不公平感の高まりだ。そのことと、自らが共感できる、感情が一体化できる情報だけを取り込み、**異質なものは排除していく**というポスト真実の流れは、無縁とは思えない。むしろ経済格差の拡大によって進みつつある社会の分断は、情報空間の分断によって一層進んでいくことになるかもしれない。

これまで受け手側の**メディアリテラシー**の高まりのなかで、それにきちんと向き合うためにも、伝える側の人間は、思い込みや先入観、偏見から自由になることで、いかにして物事の本質に迫れるかという努力を重ねてきた。しかし、受け手自身が、真実や事実にこだわることを放棄してしまったのならば、伝え手は、どう振る舞おうとするだろうか。

危惧《きぐ》されるのは、受け手側が、事実や真実によりどころを求めるのではなく、感情による一体化ができる情報だけを取り込むようになると、**メディア**もその受け手の感情に寄り添うように、受け手の**共感を得やすい情報**を積極的に流すようになることだ。それは視聴率や読者の増加につながる。そうなると、その感情に乗れない人にまで**同調圧力**をかけて、感情の一体化さえ促してしまうことにもつながる。

問　傍線部「これまでメディアを通して得ていた、異質なものに触れる機会を失いつつある」とあるが、筆者はなぜそう考えるのか。本文の内容に即して、一四〇字以内で説明しなさい。

! 注目ポイント

「メディア」というカタカナ言葉が目につきますね。ここにピンときてください。筆者にとって、どうでもいいなら、そんなにたくさん「メディア」って書きませんしね。"どうやらメディアについて書かれている"と予測して読んでいくと良さそうです。7行目に、「メディアに関わる者にとって自明だった」とあります。つまり過去ですよね。時を示しています。としますと、他の時が出てきて変化が書いてあるんだと思いましょう。変化は「変化する前＋変化した原因＋変化した後」で整理するとわかりやすいのでしたよね。

解説

かつて、メディアに関わる者は、じぶんたちの仕事は、偏見を乗り越えて世界をより深く理解させる役割だと考えていました（変化する前）。

ところが、そうこうしていたら、社会では経済格差が拡がりました（変化した原因…ここでは「背景」と書いてありましたね）。

大衆に不公平感が高まり、共感できない情報は排除したいという流れになりました。そのせいで、メディアサイドも共感を得やすい情報を積極的に流すようになっちゃいましたし、大衆も自らの感情に沿った情報を選ぶようになりました。さらに進んで、自らの感情が一体化できる情報を流してくるメディアだけに接する傾向になってきたんですね（変化した後）。

解答

かつてのメディアは、人々の思い込みや先入観とは異なる、物事の本質を伝えようとしていたが、格差社会の拡大によって、人々が物事の本質よりも、自らの感情に沿った情報や自らの感情が一体化できる情報だけに接するようになってしまったから。（１１３字）

メディアが「変化した後」について問われています。傍線部の前に「こうして」とあります。指示語ですので、前をまとめるサインですね。傍線部の前をまず押さえましょう。自らの感情に沿った情報を選び、さらにそういう情報を流すメディアにだけ接するようになったんだということです。コレが「変化した後」でした。

次に、傍線部の次の段落に「この背景」と書いてあります。大衆は「格差社会」でイラついて、知りたくない情報をシャットダウンするし、メディアも大衆に媚びた情報を流すようになったからですよね。それで触れなくなったのが傍線部でいう「異質なもの」です。「変化する前」にメディアの扱っていた「物事の本質」のことですね。

もうひとつ、チェック

職業としての正しい覚悟と、お客様満足度がイコールではなくなったケースがあるわけです。〝払ったカネのぶんはサービスしてくれ〟などという言葉を聞くことが増えてきましたが、それは、正しいサービスなのか、じぶんが満足できたらそれでいいサービスなのか、ムツカシイこともあります。もともとメディアは〝社会の木鐸《ぼくたく》〟とされて、責任ある職業でした。その頃は、正しい覚悟が重視されていたのでしょうね。

第3章

科学

[Science]

・そもそも科学とは
・普遍性
・方法主義
・範囲限定のズルさ
・歴史としての科学
・科学の限界

コア 13

【そもそも科学とは】「科学」と「技術」は別のモノ

入試での出題例
・2018年 法政大(文)
・2017年 東大(前期)
・2017年 早大(政治経済)

僕は小学生のころから眼鏡マンです。目が悪いんだったら目をなんとかしなきゃいけません。眼鏡をかけました。すぐに見えやすくなりました。よかったです。

これを**「要素還元主義」**と呼びます。問題は目（視力）ですから、目（視力）を矯正《きょうせい》すればいいんです。目（視力）という要素へと還元、つまりまとめてアレコレしたらうまくいくという考え方です。

ほかの例で言えば、〝クルマが調子わるいのは、この部品の劣化のせいだ。新品と交換しよう。オッ、クルマが調子よくなったぞ！〟なんていうものです。機械の部品ですから、冷静に徹底的に調べることができるわけです。これを**「機械論」**と呼びます。

そして、人間であっても自然であっても、同じことが可能なのではないかと考えられるようになりました。つまり、**科学とは、人間や自然を「要素還元主義」によって部品に分解して、「機械論」で研究分析したら、うまくいくと考えている学問なのです。**

ここで、注意してもらいたいことがあります。

よく聞くのが、「科学技術」ですとか、「科学テクノロジー」なんて言葉です。混同されがちですが、**「科学」と「技術」は分けてください。「科学」と「テクノロジー」も分けてください。**

科学とは、思想です。科学者が知りたいことを調べて研究する学問とも言えます。

技術やテクノロジーとは、物体化です。商品化と言ってもいいかもしれません。

このように、科学者は、知りたいことを研究します。ここまでが科学です。それを技術と

関連重要語句

□**要素還元主義**
複雑な事象を下位の要素に分析・還元し、説明しようとする立場のこと。機械論などの中に見られる。生物学においては、生命現象は物理学・化学の理論や法則によって解明できるとする立場を指す。

□**機械論**
自然界のさまざまな現象を機械的な因果関係によって説明する立場。
参 紀元前3～4世紀のギリシャの哲学者・デモクリトスや、17世紀オランダの哲学者・スピノザの中に機械論的思想が見られる。
↕目的論

□**テクノロジー**
科学技術。また、実際的な目的のために科学知識を工学的に応用する方法論のことも指す。

□**仮説と実証**

テクノロジーが待ち受けていまして、物体化・商品化するわけです。

ところが、困ったことに、**技術とテクノロジーが、人間の許容範囲を超えてしまいました。**人間に役立つ商品化を超えて、人間がコントロールできない商品化をしてるのです。

例えば、素粒子《そりゅうし》物理学を研究するのは、知りたいからであって、科学の仕事です。その研究成果を活かして核兵器を作るのは技術とテクノロジーの仕事だという話です。

さらに言えば、**機械論の前提である要素還元主義も、疑われてきています。**だって、そもそも人間や自然は部品の集合体ではないですから。〝自然が一部破壊された。じゃあ一部を直せばOKだ〟そんな単純な話ではありません。既に生態系が壊れてるかもしれません。それなのに、一部だけ元に戻しても、全体が戻るわけではありませんよね。

このように、**科学は進歩したために、人間を超えてしまい、しかも今後の研究にも見直しが必要なんじゃないかということで現代文のテーマになるわけです。**

そもそも科学とはのコア

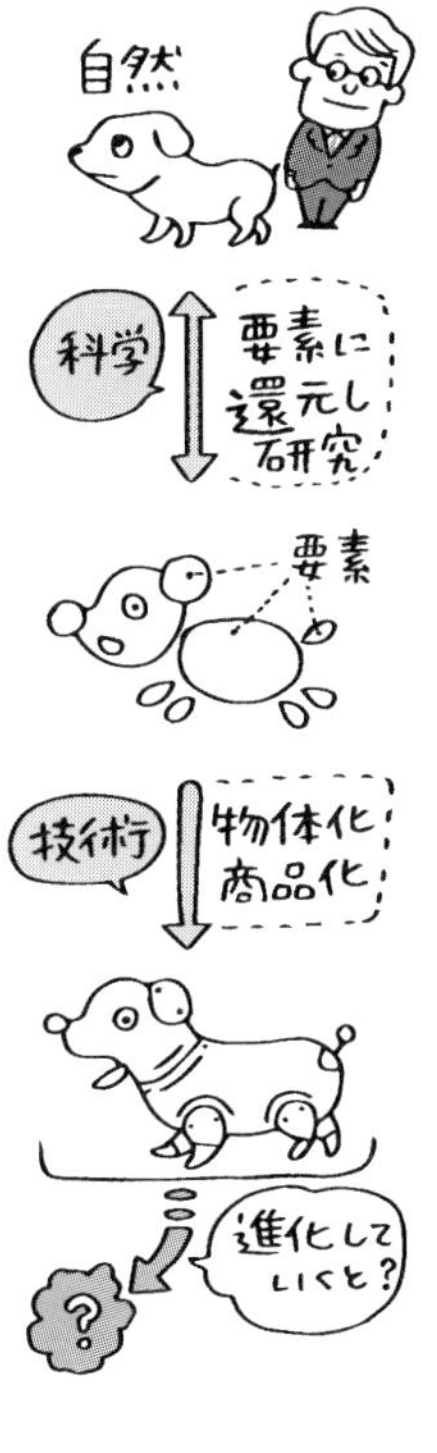

データに基づいて説を仮に立て、それを実際に調べて証明する科学的な態度。

□**合理性**
道理や論理の法則にかなった性質。むだなく能率的に行われるような物事の性質。

□**制度化**
▼12ページ参照

[そもそも科学とは]こぼれ話

素粒子物理学の話が出ましたが、日本でも原子爆弾開発計画がありました。京都帝国大学の荒勝教授による〝F研究〟と、理化学研究所仁科研究室の〝二号研究〟です。結果的に原爆開発は行われませんでしたが、京都帝大は湯川秀樹博士の〝中間子論〟と荒勝先生の〝ウラン核分裂における二次中性子数の測定〟など、世界最先端の理論を誇っていました。しかし、テクノロジー化は忌避《きひ》したわけですね。

コア 14

【普遍性】例外のない「普遍性」は、人間に必要なのか？

入試での出題例

・2019年甲南大(法)
・2019年東海大(国際文化)
・2016年龍谷大(国際)

「やり過ぎ神」の近代が、科学を推していました。しかし、そんないきさつがなかったとしても、科学は人気を集めたでしょう。それは、近代科学に**普遍《ふへん》性**があるからです。

普遍性とは、例外がなく、すべてにあてはまる性質のことです。かなり強い言葉ですね。

普遍性の「普」が、普通の「普」に見えますし、「遍」も「通」に見間違えそうです。それで、「ええと、普通性……すか。普通な感じ……ですかね」なんて、ちょっと軽く見られたりしますが、そんなものじゃありません。「例外なしっ！　100パーセント共通っ！」という強い意味なんです。

普遍を英語でいうと、ユニバーサルです。ユニバーサル・スタジオって、よく考えたらすごい名前なんですね……。

普遍性の反対の言葉は、**特殊《とくしゅ》性**です。例外的で、限られたものにだけあてはまる性質のことです。

さらに、要注意なのは、**一般性**との区別です。一般というのは、80パーセントくらいに共通してあてはまるということです。としますと、20パーセントくらいが、はじかれちゃいますね。こちらを例外というわけです。

ともかく、**例外なく100パーセントあてはまる性質である「普遍性」によって、近代科学は人気でした**。

文明開化によっていろいろと変わった……と言えば、イイ感じに聞こえますけど、実際は

関連重要語句

□**特殊《とくしゅ》性**
他と異なる特別の性質。

□**絶対性**
ものが長く変化しない性質のこと。不変性、恒久《こうきゅう》性、恒常《こうじょう》性、永遠性、持続性。

□**人間疎外《そがい》**
▼12ページ参照

□**主客二元論**
世界は、感覚を受け取る主体（意識）と、感覚を通して知覚できる客体（物）で構成されているとする哲学的な立場。
参 17世紀フランスの哲学者・デカルトの、意識と物は独立して存在しうるという考え方は、自然科学の哲学的な基礎となった。しかし自然科学の発展に伴い、機械論的考え方が主流になるにつれて、主客二元論は否定的に捉えられるようになった。

カオスでした。何をすればよくて、何をしたらどんな結果が得られるのか。指導する立場の明治新政府だって、もともと優秀な人材がそんなにいないうえ、優秀な方は紀尾井坂《きおいざか》で暗殺されたりしてカオスなんですから、一般人はもっとカオスでしょう。

何を信じたらいいのかわからないカオスな時代に、「これは絶対です。100パーセント正解が与えられます。間違いないですよ」そうして科学が登場したわけです。**科学の作り出すテクノロジー商品は、新しい時代をたしかに感じさせてくれたんです。**

しかし、例外なしの普遍性には、**例外を認めないという裏面があるんです。**科学はもともと人間がやることです。人間に例外がないなんて、あり得ないわけですよ。

つまり、問題なのは、100パーセント正解であるということと、それが日本に、もっと言えば人間に必要だったのかは別の話だということです。

あてなき時代である近代において、科学を絶対的なものとしてあてにする「普遍性」を、現代文では問題視していくわけですね。

普遍性のコア

100%絶対！
普遍性
わー
待ってました！
俺はひとりさ…
特殊性

□遠近法
遠近感のある絵画や図を作る方法。特に、三次元の空間を、二次元の平面上に表現する線遠近法（透視《とうし》図法）を指すことが多い。線遠近法では、物を視点から遠いほど小さく描いたり、見る角度によって生まれる物のひずみを描写したりすることで、遠近などの関係性を維持したまま表現する。
＝パースペクティブ

□科学第一主義
科学によって、人類が直面している問題が解決できるという考え方。

【普遍性】こぼれ話
キリスト教の世界3大流派は、西方のローマカソリック、プロテスタント、そしてオーソドックス（東方正教会）です。カソリックとプロテスタントの学校は日本にも多いですよね。ところで、「カソリック」とは、ギリシア語で「普遍的」という意味です。

コア 15

【方法主義】ガチっとしたやり方は、例外無視の危険もある

入試での出題例

・2019年 上智大(経済)
・2019年 中央大(商)
・2018年 東京学芸大(前期)

科学と僕らがふつう呼んでいるものは、正式には「自然科学」と言います。

科学に普遍《ふへん》性があるためには、ガチッとしたやり方が必要です。

単純計算ですら、ガチッとやらないとミスしてしまいますしね。

それで、科学がガチッとやるときの方法を、「**帰納《きのう》法**」と言います。

帰納法とは、**たくさんの個別データを集めて、いつどこでも使える法則を作り出す方法です**。主観、つまりじぶんの思い込みで法則を考えるのは、科学ではありません。いくらイヤだとしても、個別データが揃ってしまったら、法則が成立するわけです。

次に、「**演繹《えんえき》法**」という方法があります。

演繹法とは、**いつどこでも使える法則が、ほんとうにいつどこでも使えるかを個別の場面でやってみる方法です**。いつどこでも使えたら、その法則は成立してると言えるわけです。

現代文では、このふたつの方法を押さえておきましょう。演繹と帰納は、空欄《くうらん》補充問題の答えになったりもしますので。

演繹法に見られる通り、科学で大切なのは、再現性があることです。一度できただけでは、たまたまかもしれませんし、それを使って商品化することもできません。再現するためのガチッとした手順が、わかりやすくシンプルに決まってこそ、科学というものです。

こうした科学の「方法」が強力に見えたので、文系っぽい他の学問も「方法主義」になり、

関連重要語句

□**帰納《きのう》法**
個々の具体的な事実から、普遍的な原理や法則を導き出すこと。

↔

□**演繹《えんえき》法**
普遍的な前提や事実などから、個々の具体例について推論すること。

□**再現性**
科学実験などにおいて、所定の条件や手順の下で、同じ事象が繰り返し起こったり、観察されたりすること。

□**人文科学**
人間の文化全般に関する学問の総称。哲学、文学、史学などがある。学問分野を人文科学と自然科学に二分する場合と、人文科学・社会科学・自然科学に三分する場合がある。

□**社会科学**
人間の社会的行動を研究する学問の総称。社会学、政治学、経済学、法学、社会心理学、文化人類学などが

科学を名乗りました。

　文学部や外国語学部などは**「人文科学」**という分野に分けられます。法学部や経済学部や商学部などは**「社会科学」**です。

　経済学は微積などを駆使《くし》するそうですから、科学と名乗るのもわかりますが、文学や哲学が科学なのかどうかはちょっとわからないですね。しかし、学問にも方法があるとイイというわけで、科学になりました。

　しかしながら、**方法主義は、たくさんの例外を無視する可能性があります**。

　そして、文学や哲学をする人間心理を法則にできるのでしょうか。経済活動も人間がやることです。

　以上のような理由で、**なんでもかんでも科学の方法主義がイイとは言えないだろうと、現代文では述べられるんですね。**

ある。

□**体系**
多様なものがまとまって全体を形成していること。特に理論体系、哲学体系を指すことが多い。

【方法主義】こぼれ話

　帰納法と演繹法は、受験勉強してても耳にする言葉ですね。数学的帰納法ですとか、公民系の授業でも出てきます。つまり、アタマを使うときの基本的な方法なんですね。

帰納法をアピールしたのはイギリスの思想家です。有名な人がお二人いるのですが、お二人ともベーコン先生です。それに対して、演繹法をアピールしたのは、フランスのデカルト先生です。「われ思うゆえに我あり」の人ですよ。『方法序説』という有名な本に、〝方法の4つの規則〟を書いています。大学生になって、興味があれば是非読んでみてください。

コア
16

【範囲限定のズルさ】例外なく正解が出ることだけ扱っている！

入試での出題例
・2019年 学習院大(文)
・2017年 日大(法)
・2017年 法政大(社会)

近代科学が支持を集めたのは、例外なく正解が出る普遍《ふへん》性があるからでした。

いつの時代も、**「絶対！」なんていう強いメッセージは響きやすいですし、単純なので、支持を集めやすい**のですね。

例えば、あんまりアタマを使いたくない人には、「これが絶対正解、なーんにも考えなくてもＯＫ！　絶対大丈夫！」がわかりやすいわけです。細かい例外への注意やら、思想的な問題点を考えておこう……なんて、うるさいだけです。要りませんよと。

普遍性のある科学が支持されたのは、近代に限らなそうです。

しかし、**科学はほんとうに例外なく正解が出る普遍的なものなのでしょうか。この批判を、現代文ではテーマにしてくるのです。**

現代文といいますか、元本《モトホン》（入試の文章の引用元の本のこと）の研究者の文章は、一般論と違う話をするのですから、科学普遍性が**一般論**だとしたら、その普遍性を疑うことになりますよね。

科学は、例外なく正解が出る普遍的なもの……じゃありません。

例外なく正解が出ることだけを扱っているから、そう見えるんです。

例えば、九九の計算、方程式、化学反応式、博士の愛したオイラーの等式などなど、科学分野は、ビシッと絶対正解が出るんです。

ですが、人間や社会は生き物ですし、不可解な心理を持っているわけですよね。そのよう

関連重要語句

□**象牙《ぞうげ》の塔**
芸術至上主義の人々が俗世間を離れて楽しむ静寂《せいじゃく》・孤高の境地。また、現実から逃避するような学者の生活や、大学の研究室などの閉鎖社会。

□**パラダイム**
▼12ページ参照

□**カテゴリー**
同じものの分類範囲。また、その枠のひとつひとつ。
＝範疇《はんちゅう》

□**通時的**
19〜20世紀スイスの言語学者・ソシュールの用語。関連する複数の現象を、時間の流れにそって記述する様子。

↔

□**共時的**
19〜20世紀スイスの言語学者・ソシュールの用語。時間の流れを考慮せず、一定時期における現象につ

な人間や社会に、普遍的な科学は、例外のない絶対正解を与えてくれるのでしょうか。

僕ら人間が、どうしたら正解なのか、ほんとうに悩んで、間違いたくない……というときに、科学は「公式があるから絶対正解出ますよ！」とは言い切ってくれないんです。

例えば、〝明日のデートの勝負服〟でしょうか。間違いたくないです。しかし、正解を出す科学的な公式はありません。そりゃそうです。

しかし、科学の普遍性が、もし批判されるとしましても、それは科学のせいではありませんよね。アタマを使わずに**絶対正解**を欲しがった人間のせいなのです。

アタマを使わずに絶対正解を欲しがるのって、結局は、近代が「非科学的だ！」と否定した「山神様への祈り」や「神からのお告げ」となんら変わらないわけです。

つまり、**近代は、山神様を科学様に置き換えただけで、近代になる前と、実は「変化」がなかったのです**。

こういうところも、コア01での「日本は、本当のところ、西洋スタイルを受け容れてないんじゃないか」というお話につながってくるわけなんですね。

範囲限定のズルさ のコア

いて記述する様子。

□反証可能性
ある事柄が観察や実験の結果によって否定される可能性を持つこと。

参イギリスの哲学者カール・ポパーは、反証可能性を科学的基本条件と見なし、科学と非科学とを分類する基準とした。

［範囲限定のズルさ］こぼれ話
オイラーの等式を例に出したのは、学部生のとき数学の教授が「美しい式ベスト3」を話してくれたからです。あとのふたつを忘れたので、同僚の数学講師に伺うと、その教授の名前を確認してから、候補を挙げてくれました。ゲーデルの完全性・不完全性定理、ルベーグ積分、バナッハ積分、ボッホナー積分ではないかとのことでした。数学は、科学の基礎哲学だとは聞きますが……。数学、奥が深いのですね。大学の学問はどれも奥が深いので、是非いっぱい勉強してください。

コア 17

【歴史としての科学】時代と社会によって変わっていった「科学」

入試での出題例

・2020年 上智大(経済)
・2019年 駒澤大(文)
・2019年 武蔵大(社会)

『歴史としての科学』とは、科学哲学者の村上陽一郎《むらかみよういちろう》先生が、1983年に出版された本のタイトルなんです。

「科学は決して出来上がった知識体系ではなく、時代と社会を通じて常に変動する」もので、「今われわれは、コペルニクス、ケプラー、ガリレオ、ブルーノ、ニュートンらの仕事を科学と考えがちだが、彼らの思考枠は、中世においてさえ神秘思想だった」との旨の記述があります。

ここで、「歴史」を「常に変わっていく」と読むと、わかりやすいでしょうか。歴史とは完結するはずがなくて、常に変わっていきますしね。**「常に変わっていくのが科学」ということになりそうです**。

一般的には、科学の価値はいつどこでも変わらずに成立してるんだと思われています。その一般論に対して、村上先生は「違うんだよ」と論じてらっしゃるわけです。

現代文向けに、よく見かける話を2点、まとめてみます。

① 天動説と地動説の話

結果として、ケプラーが確立したように**地動説**が正しかったわけですが、当時のキリスト教(カソリック)からすると**天動説**が正解でした。〝天体の運行は神の指示で、地球が宇宙の中心なのだから、天体は地球の周りを回るのだ〟ということで、地動説をとなえたコペルニクスやガリレオなどは、神秘思想パーソンだったんですよね。正解は、時と場所で変わるわけです。

関連重要語句

□**相対性**
他との関係や比較の中において成り立っている性質。

□**ニュートン**
17～18世紀イギリスの物理学者・天文学者・数学者。万有引力の法則の導入、微積分法の発明、光のスペクトル分析などの業績がある。

□**地動説**
1543年、ポーランドの天文学者・コペルニクスが唱えた宇宙構造説。地球は太陽の周りを回っているとし、キリスト教的宇宙観に基づく天動説を覆した。

□**天動説**
地球は宇宙の中心に位置したまま静止し、惑星や衛星が地球の周りを回っているという説。
参 16世紀にコペルニクスの地動説が現れるまで、千数百年もの間定説と

② ニュートンは科学者じゃなかった話

ニュートンの存命中に、「科学者」という言葉は存在しませんでした。言葉がないということは存在がないということですよね。ニュートンは敬虔《けいけん》なキリスト教徒でしたので、宗教家だったのです。キリスト教の教えを証明するべくあれこれ調べてたことが、現代の物理学に有効だという理由で、ニュートンは物理学者（科学者）だとされたんです。正解は、時と場所で変わるわけです。

このように、**科学は絶対ではなく、時代と社会によって変わる相対的な価値なんだということなんですね**。

「科学は絶対不変のもの」という先入観や一般的なイメージを持っていると、現代文でそうでないことを前提にした文章と出会ったときに混乱する可能性がありますので、ここを押さえておきましょう。まあ、考えてみましたら、「科学が不変で絶対」ではないので、次々に新商品も出てくるわけですしね。

歴史としての科学のコア

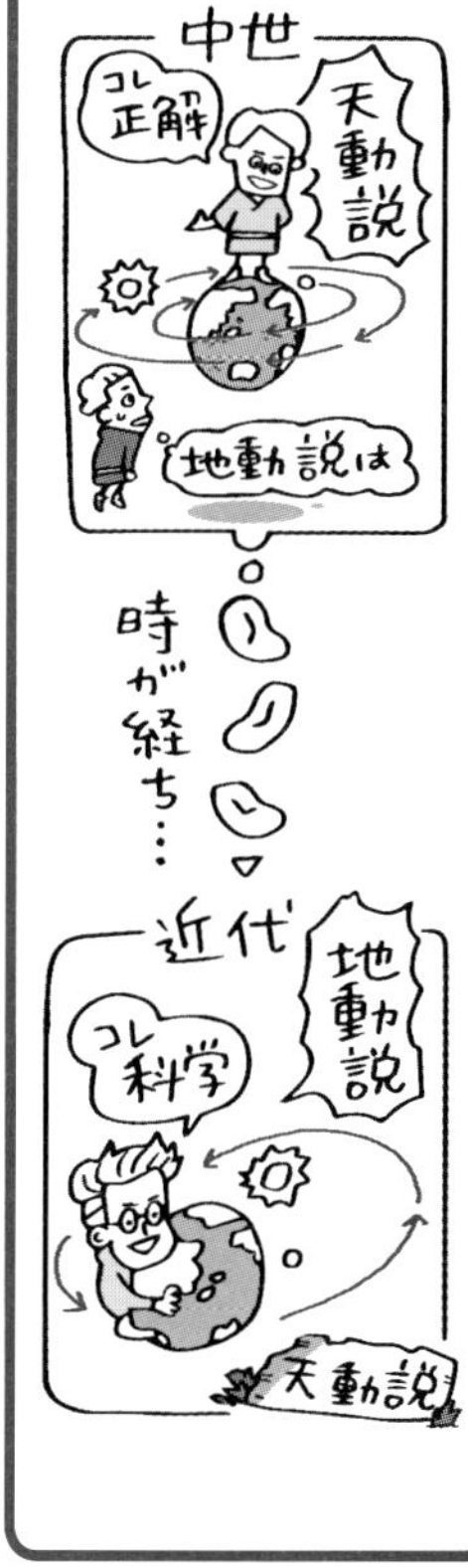

なっていた。

□コペルニクス的転回
18世紀ドイツの哲学者・カントが、認識論上の立場の転回を、コペルニクスによる天動説から地動説への転回にたとえた言葉。認識する対象があってこそ認識できるという考え方を逆転させ、人間が主観を構成して初めて対象の認識が可能になるとした。

【歴史としての科学】こぼれ話
映画評論も文学評論も、日本は評論文化が弱いと聞いたことがあります。すごく感動した本の評論を読んでみました。どんな分析で、鋭い解釈があるかなと期待しましたが、ストーリーの要約と思いついたことが書いてあるだけでした。たまたまかもしれませんが。さて、科学哲学を科学の評論と誤解される方。大学生になったら科学哲学に触れてみてください。

コア 18

【科学の限界】科学の限界を知り、これからの科学を考える

入試での出題例

・2019年 東洋大(国際)
・2018年 大阪大(前期)
・2015年 立教大(社会)

『科学の限界』とは、宇宙物理学者の池内了《いけうちさとる》先生が、2012年に出版された本のタイトルなんです。

2011年に、東日本大震災がありました。そこでの地震予知の失敗と原発事故によって、「科学の限界」が見えてこなければいけないということです。

科学技術は、もともと人間によって作られたものでしたが、すごい勢いで専門化して、人間のコントロール能力を超えて発展して、化け物になりました。

コア03で見た、科学万能主義を信じているうちに、さまざまな想定外の問題が発生していたのです。要素還元主義では答えが出ていたのに、現実には複雑系のせいで答えが出ないこともあります。さらに、世の中の流れが「役に立つ科学」へ「異様」に傾いていたりします。アメリカの安全保障問題研究者のトム・ニコルズは、「科学者は予測ではなく説明が得意だ」と言いました。

その問題やら弊害《へいがい》が、いま露骨《ろこつ》にあらわれているからこそ、科学にできることは何か、科学は何をするべきなのか、つまり「科学の限界」を考えておこうということなんです。

特に、池内了先生は、素粒子物理学専攻のお立場から、原子力エネルギー利用のあぶなさをアピールしていた方です。3・11以降さらに注目を集める存在となられました。

このように、**もともと科学は人間が作ったという基本に戻ろうということです**。人間や社会とバランスの取れた〝身の丈に合う〟科学を考えなければならないわけです。

そして、もうひとつ。ムツカシイ用語では、科学によって問うことができるけど科学では答えられない問題たちを「**トランスサイエンス**」と言います。「科学の限界」のことですね。

関連重要語句

□実利主義

現実の利益を重要視する精神的傾向。

参 もともとは、産業革命に伴いイギリスで盛んになった思想。18〜19世紀イギリスの法学者・ベンサムが創始した功利主義哲学が代表的で、最大多数の最大幸福をスローガンとしていた。この思想がイギリスの政治へ与えた影響は大きく、保守的風潮を破ることに成功した。

＝功利主義

□狐《きつね》憑《つ》き

人が狐になったつもりで話したり動いたりする異常心理の現象。狐の霊が人間の体に乗り移ったとされ、日本各地で信じられていた。精神医学的には、意識や感情、行動、身体感覚などが分断されて体験される解離《かいり》性障害の一種とも説明されている。

□自然コントロール限界

しかし、ただ悲観するわけではありません。科学やテクノロジーが必要なのは当然ですし。そこでひとつの考えとして、科学をやるのは科学者だ！　と限定していたら、偏《かたよ》ったり行き詰まったりするかもしれないので、**「オープンサイエンス」**して、誰もが科学を考えられるようにしようというアピールもあります。

現代文では、科学の限界を知ること、そしてこれからの科学をどうするのかということが語られていくわけです。

第5章の「哲学」のあとに、ここのコアを確認してください。カンタンに言いますと、**どんなものが欲しいのかという「精神」と、その結果として作られる「物体」にはつながりがないとダメですよと。**何かするときには、基礎に「哲学」がなければ、いつか破綻《はたん》しますよということです。ただ、問題なのは、その基礎研究である「哲学」にカネを出したくないという、切ない国家だったりするわけです。

科学の限界のコア

河川の氾濫《はんらん》、土砂災害など、人間の計算を超えて発生する自然の脅威《きょうい》。

□**アカデミックキャピタリズム**
学界資本主義。自らの知的財産を活かすことで研究資金調達しようとすること。

□**未曾有《みぞう》**
これまでには一度もなかったこと。いまだかつてない。

［科学の限界］こぼれ話

僕の親しい同僚に、内藤酬《しゅう》先生という方がいらっしゃいます。講師室で一緒になるとずっとおしゃべりしてます。池内了先生の話になったとき、「池内さんが助手に成りたてのころ、僕は三回生で、ゼミで習ったんだよ、そのとき……」とのびっくり話をふつうに話されてました。池内先生も内藤先生も、専攻は素《そ》粒子《りゅうし》物理学です。理学博士なのも同じです。そういう究めた方々は、3・11以降、語りたいことは多いようですね。

入試問題チェック　2018年法政大(文)

プラトンやソクラテスが現れ、ロゴス、つまり、言葉で論理《ロジック》が組み立てられた。それが客観的とされた。西洋社会は基本的にすべて言葉による客観的世界で成り立っている。

米国で生活していると、しばしば言葉に疲れることがある。それは英語が外国語であるという理由からだけではない。米国では沈黙は金ではない。自分が何者なのか、この問題についてどう考えるか、賛成か反対か、絶えず言葉でものごとを語らねばならない。しかし、客観的世界というのは、実は言葉が切り取った**恣意《しい》的**な図式にすぎない。いわば言葉を共有する者たちによる**共同の幻想**のようなものだ。つまり客観的なものこそもっとも主観的なのである。

言葉以前の世界というものがかつてあった。プラトンやソクラテスよりもずっと前、すべてのものは互いに関係し合い、交じり合い、自他の区別も曖昧な、自然（ピュシス）があった。言葉がその自然を刈り取り、仕分けし、整地した。そのことによって世界が本来的に持っていたある種の豊かさが失われた。ピュシス（physis）とは、本来、ここにある、**混沌**とした、同時に豊かさに満ちあふれた自然を指す曖昧な概念であったが、やがて言葉と論理による整理によって、生理学（physiology）や物理学（physics）へと変質を遂げていった。

私のたずさわる生物学の世界にもまさに符合することがある。生物学の究極の課題は、生命とは何か、という問いに答えることである。**近代科学**は生命をより**ミクロ**なレベルへと分解し、そのパーツを言葉によって命名してきた。生物学は、生命体が細胞からなることを見出し、**DNA**に書かれていた遺伝暗号を解読し、そのすべてを記載することに成功した。その結果、生物学者たちは、生命とは何かという問いに、どう答えることができたのか。それは「生命とは遺伝子を自己複製するシステムである」というものだった。これはこれで全く正しい。しかし一方で、奇妙な違和感が湧き起こってくる。私たちが生命を生命と認めると

福岡伸一「Daisetz SUZUKI」より

重要語句の確認

□**恣意《しい》的**
➡89ページ「恣意性」参照

□**共同の幻想**
➡114ページ「共同幻想」参照

□**混沌**
➡120ページ「カオス」参照

□**近代科学**
➡コア03参照

□**ミクロ**
➡コア14参照
非常に小さいこと。微小。
↕マクロ

□**DNA**
生体の遺伝情報を保持している物体。二重螺旋《らせん》構造をとる。

□**機械論**
➡40ページ参照

□**動的平衡《へいこう》**
外見上は静的に見えるが、実際は動的状態にあること。
参 ユダヤ人科学者のルドルフ・シェーンハイマーが最初に示した。

き、生命の息吹を感じるとき、それは生命に自己複製能だけを見て取るからだろうか。そうではない。言葉が生命をこのように規定する以前に、生命は、あるいは自然（ピュシス）はもっと豊かなものであったはずだ。生命は、たえず流転し、変化し、柔らかく、可変的で、美しいものだ。言葉による切断が、生命の妙をすっかり捨象してしまっている。

「生命とは遺伝子を自己複製するシステムである」という**機械論**的生命観にどっぷりと浸《つ》かって、ひたすら細胞と遺伝子を切り分けていた私は、あるときそのような反省に目覚めた。生命を捉え直そう、科学の言葉によって定義された機械論的な自己複製のシステムではない生命観を取り戻そう、と。そこから私の探究が始まった。生命をもっとダイナミックなもの、合成と分解を繰り返しながらもバランスを絶えず更新しつづけるもの、つまり**動的平衡**《へいこう》として生命現象を考えたい。その究明はなお道半ばだし、科学である以上、言葉によって語ることを避けることはできないが、従来の言葉とは違う、より解像度の高い、新しい言葉で語り直したい。動的平衡を一言で言えば、生命は、変わらないために変わり続けるということ。なんだか本当に禅問答みたいである。しかし、生命は（大きく）変わらないために（絶えず、少しずつ）変わり続けている、という意味だ。

問 傍線部「豊かさ」とあるが、本文全体においては特にどのようなものを指していると読みとれるか。適切なものをつぎの中から二つ選べ。

ア 自他の区別なく、渾然としたつながりを感じられる世界
イ 人間の手が入らない、美しく純粋な原生自然
ウ 永続のために、たえず柔軟に変化し流動する生命
エ 未知の混沌とした現象にあふれていた時代の自然科学
オ 倫理・道徳がなくても調和が保たれる原始共同社会

！ 注目ポイント

初めのうちは「言葉」についてのお話かなと思いますよね。「言葉で論理《ロジック》が組み立てられた」なんて書いてあります。コレも現代文ではかなり大切なテーマなのですが、後半で急に生物学（正確には分子生物学という分野です）へと、話が変わったように見えます。ここにピンときてください。筆者は生物学のお話をするときに、性格の似ている「言葉」を使ってガイダンスしてたわけです。

としますと、仮に「言葉」について設問があったら、生物学の説明もヒントになりますし、逆に生物学の設問なら、生物学そのものの説明もヒントになりますが、「言葉」についての説明もヒントになりうるわけですよね。

解説

もともと混沌として豊かだった世界を、言葉でわかるものだけで成り立っていることにしました。自然界のすべてのものがお互いに関係していることや自然の曖昧さを、なかったことにしたわけですね。しかし、それは恣意的でシンプルな図式でしかなく、共同の幻想のようなものなんです。生物学でも、近代科学の機械論によって生命体をDNAにまで仕分けして、「生命とは遺伝子を自己複製するシステムである」とシンプルに説明してきました。そういう生物学の一般的態度を、筆者は反省するわけです。

そこで、筆者が探求しているのが、生命とは〝動的平衡〟なのだという考え方です。生命の動的平衡というのは、〝変わらないために変わり続ける〟ということです。ちょっとムツカシイ言い方ですよね。コレこそが、わかるものだけでわかったことにしちゃった言葉や近代科学への反省として、探求しなきゃいけない課題だと、筆者は思っているわけです。

解答

ア・ウ

傍線部の前に「混沌とした、同時に」と書いてありますので、傍線部「豊かさ」は混沌の仲間ですよね。次に、傍線部の後には「言葉による整理によって変質を遂げていった」と書いてあります。言葉も生物学（科学）も一緒でしたよね。もともとは混沌として豊かだったのに、勝手に整理してわかりやすくなったけど、お互いに関係してるとか曖昧だとか厄介そうなのをなかったことにしちゃったのでした。

ということで、この設問では、もともとあったほうを答えるわけですね。アは渾然としたつながりが○。イは人間の手が入らないで×。ウは永続のための流動する生命が「動的平衡」のことで○。エは自然科学で×。オは原始共同社会で×。

もうひとつ、チェック

のちほどコア57とコア60とで読んでもらうのですが、この文章は把握の仕方が二通りあるようです。

ひとつめの把握の仕方は、一般論と筆者の比較というスタイルです（コア57です）。一般的にはわかりやすいってイイことです。でも筆者は違うことを言いたいわけです。つまり、そんなに自然はわかりやすくないですよと。わきまえて研究することにしますと。

もうひとつの把握の仕方は、最初は言葉についての文章に見えますが、そこから意外な展開をして本論の科学へ持っていってるというスタイルです（コア60です）。こちらの「意外な展開」スタイルは、〝そーいうのがある〟と知っておかないと、戸惑うことになりかねません。コア42で、現代文では、誰も知らない類似性が主旨になる可能性があることを説明しています。まとめてマスターしてください。

第4章

芸術

［Art］

・そもそも芸術とは
・過去の芸術
・近代の芸術
・象徴性
・現代の芸術
・芸術家の立場

コア 19

【そもそも芸術とは】人間の「真実」をとらえて、心を揺さぶるもの

入試での出題例
・2018年神戸大(前期)
・2017年学習院大(文)
・2017年中央大(商)

個人的な話で恐縮ですが、中2のときに、ドラえもん映画『のび太の宇宙開拓史』を観て号泣しました。まだピュアだったのでしょう。しかし、だいぶ汚れちまった大人になってから観た『STAND BY ME ドラえもん』でも号泣しちゃいました。ここが、そもそも芸術とは何かという問いに対する答えである気がします。

さて、昔からよく言われるのが、**「芸術は、科学と反対の関係」**だということです。なるほど。科学は現実に存在しますし、日常的な現実に役立つのがわかるものです。第3章でマスターしてもらいました通り、科学は「AだからB」のように、合理的に成立します。それに比べて、芸術は、ないならないでやっていけますし、日常的に役立っているかはわからないものです。のび太くんが宇宙で戦わなくても、学校や会社はありますしね。さらに、**「芸術は、虚構《きょこう》である」**とも、よく言われます。虚構つまり作り物です。そうですね。横を見ても、ドラえもんはSTAND BY MEしていないようです。

しかし、**芸術はきちんと存在します**。**価値も高いから一目置かれます**。

ここで、芸術の「虚構」について、キチンと理解することが、すごく大切です。

芸術の虚構は、ただの嘘やら作り物ではありません。**人間の「真実」を捉えている**のです。しかも、そのままのサイズではありません。たくさんある現実の中から、よぶんな現実は捨てて、キラリと光っている「真実」をつかみ取り、それをズームアップして、ドカンと形にしたのが芸術作品なんです。

関連重要語句

□**虚構《きょこう》性**
文芸作品などで、事実ではないことを想像力によって事実らしくつくり上げているさま。フィクショナリティ。

□**オブジェ**
フランス語で「物体」「客体」を意味する言葉。芸術の題材となる描写対象なども指す。
参 20世紀欧米におけるシュールレアリスムの芸術活動の中では、非芸術的な物体を組合せ、連想から幻想や感情を喚起《かんき》しようとしたが、このときの物体や作品をオブジェ・トルベ(発見された物体)と呼ぶ。

□**非合理**
理性や論理ではとらえきれないこと。また、そのさま。

□**非日常**
日常的ではないこと。当たり前では

よぶんな現実を捨てたり、一部分である「真実」だけをズームアップしているという点で、作り物だと言えばそうでしょう。ただ、**人間の「真実」を見せられたとき、人間は感動する**わけです。泣いたり、考え込んだり、不快になったり、感情が動く、つまり感動の仕方はいろいろではありますが、感動するのが芸術なんですね。いい年齢の大人（僕です）が、ドラえもん映画で号泣したのは、人間の「真実」をドカンと見せられたからなのでしょう。

当然、虚構であっても、ただの作り物で、感動させないものであれば、そんなのは芸術ではありません。

そして、**芸術は絶えず浸るべき世界ではありません**。映画にも上映時間がありますし、美術館に滞在する時間も限りがあるでしょう。

現代文では、このように芸術の価値を「**虚構**」と「**限りあるもの**」としまして、日常とは別世界だが、だからこそ日常を超えた価値もあるのだ……として、芸術を語ります。

そもそも芸術とは のコア

ないこと。また、そのさま。

□**アバンギャルド**
第一次世界大戦後のフランスにおける、前衛《ぜんえい》的な芸術および芸術家。主にシュールレアリスム、キュビスム、ダダイスム（▼コア21参照）などの傾向について使われた語。現代では、既成《きせい》概念を破壊しようとする前衛的な芸術傾向全般を指す。

［そもそも芸術とは］こぼれ話

「真実」ってカッコいいですね。名探偵コナンくんも「真実はいつもひとつ！」と決めてます。真実と事実。ここには違いがあります。真実は「主観的な本当のこと」です。事実は「客観的な本当のこと」です。僕の身長は181センチです。これが事実。兵頭は背が高い・めちゃくちゃちび・平均的……これらは「真実」です。真実とは、主観ですので、人間の数だけあるものです。ということは、コナンくんの決め台詞は……。

コア **20**

【過去の芸術】近代以前には「芸術」という分野がなかった

入試での出題例
・2019年 亜細亜大（経済）
・2019年 日大（国際関係）
・2018年 千葉大（前期）

日本社会で暮らしているとわかりにくいかもしれませんが、西欧社会でのキリスト教のパワーはすごいものがあります。

このパワーは、過去にさかのぼると、今よりもいろんな分野に及んでいました。

芸術もそうでした。**今で言う芸術作品を作るときに、絶えず頭にあるのが宗教つまり神でした**。例えば、絵画は神に捧《ささ》げるものとして描かれましたし、舞踊《ぶよう》や音楽も神や自然に捧げる儀式として行われました。

神に捧げるためには、自由に創作なんて許されません。神に捧げる舞踊儀式で、「オレにしかできないオレ流ダーンス」と叫んではしゃぐなんて、あり得ないですよね。

舞踊といえば、例えば映画でも、ジャングル奥地に迷い込んだ探検家が、焚《た》き火の周りを踊っている原住民を見たときに、どんな演出がなされますか。身体にペインティングして木でつくった仮面を被っている原住民なんていうのが多そうですよね。ボディペインティングや仮面で「個人」を隠したわけです。つまり、誰が踊っているのかという個人は問題ではなく、代々伝わっている儀式を決まり通りにするのが大切なのでしょう。

宗教の決まりを破っていないか、教えや規範のままに行われているかが大切でした。その点、今で言う「芸術家」というよりは、決まり通りに仕事をする「技術者」というイメージでした。

さっき「今で言う芸術家」なんて言ったのも、**当時は芸術なんていう分野がなかった**から

関連重要語句

□宗教性
人間が持っている宗教に関係する感情や性質、及び宗教が有する独自の性質。神などの超自然的存在への信仰心、教義、儀式などに見られる。

□共同性
複数の人や団体が、同じ目的のために同じ条件や資格で、一緒に事を行ったり、所有したり、かかわったりすること。

□モチーフ
フランス語で「動機」「理由」「主題」を意味する言葉。芸術における、創造する動機となった中心的な思想や、描写する対象や形、作品の構成要素である形の要素のまとまりなどを指す。
参 創作物の分野によってその意味は変わり、装飾の模様を構成するパターンや、音楽を形作る最小単位な

です。分野がないのですから、芸術作品をつくるぞーという人もいなかったわけです。

つまり、**近代になる前の時代は、宗教の支配が強く大きかった**ため、神のための絵画や音楽を決まり通りにつくる技術があっただけで、**今で言う芸術は存在しなかった**ということなんですね。ですが、過去の技術者が作ったもののクオリティが低かったわけではありません。「芸術」が存在している現代の眼から見ても「すげー」というものがたくさんあります。近代に突然出現した「芸術」は、その「すげー」ものをじぶんの先祖であるかのように勝手につなげて、じぶんの新人ぶりを隠したのです。うまく隠せたので、ふつう「芸術」は伝統的に価値が高いものがつづいてきたと思われがちです。プロデュース大成功の新人歌手をイメージするとわかりやすいでしょうか。

ですので、現代文では、人類の歴史上、芸術など存在しない時代が長ーく続いてきたのを前提に、**芸術とは近代に突然現れた特殊《とくしゅ》なものだったとして語り始める**ことが多いのです。

どの意味でも使われる。

【過去の芸術】こぼれ話

英単語の「アート」を辞書で調べてみますと、今でも「芸術」と「技術」の両方の意味が載っています。つまり、英語圏やその前身のヨーロッパ文化圏では、芸術と技術の区別がなかったわけです。その技術は、中世から18世紀までは、貴族や教会が宗教的効果を高める目的で、枠を決めて発注されました。英語では「ミュージアム」も「博物館」と「美術館」の両方の意味があります。博物館に展示されているのは、芸術作品ではなく、技術者の作った実用品です。芸術と技術はある時点までは同じものだったわけですね。

コア 21

【近代の芸術】宗教の支配から離れて、「芸術」が生まれた

入試での出題例
・2020年 早大(人間科)
・2019年 東洋大(法)
・2019年 日大(文理)

第1章でマスターした「近代」を思い出してください。

近代の「神」とは「変化」でしたよね。芸術でも同じく、近代になって「変化」が起きました。**宗教の決まり通りにつくる技術者から「変化」しまして、芸術家が登場したのです。**

さらに、「近代」とは、**個人主義**の時代でもありました。芸術は、宗教や自然とは関係なく、個人が表現したい美の世界を形にするものになりました。

個性的ですごいものを独創した人は、芸術家と呼ばれまして、もっとすごいと天才と呼ばれるようになりました。

宗教的な決まりから離れて（これを世俗化と言いましたね）、**その芸術家にしかつくれないものにこそ価値があるとされたわけです。**

その離れ方の違いによって、芸術にも分類がされました。

芸術家が、個人的に現実をガチッととらえて、作品にしていくのを**リアリズム**と言います。写真かと思うような絵画をイメージしてもらえたら、あれがリアリズムです。

芸術家の個人的な脳内のイメージをガチッととらえて作品にしていくのを**ロマンチシズム**と言います。写真みたいではないけど、ああ、なんかいいねみたいなイメージです。

他にも、**フォービスム**（野獣派）や**キュビスム**（立体派）や**シュールレアリスム**（超現実主義）、**ダダイスム**（反芸術主義）などなど、いろいろ出てきました。芸術家の数だけある……なんてことは言い過ぎですけど、個性的な独創がイイとなりますと、そりゃあたくさん

関連重要語句

□**オリジナル**
原本、原型、原典。独創性があるもの。
↕コピー・レプリカ・模造品

□**アウラ**
もともとは「微風」「香り」「光輝」などを意味するラテン語だったが、19～20世紀ドイツの文芸批評家・ベンヤミンが、オリジナルの芸術作品が持つ権威の意味として用いた。
参この権威は「いま」「ここ」にのみ存在する一回性に基づいており、芸術作品のコピーが大量生産可能な時代には、アウラは失われる。ベンヤミンはアウラの喪失《そうしつ》による変化に肯定的で、映画を始めとする複製技術により大衆の鑑賞が可能になった芸術分野に可能性を見出していた。

□**個人の遠近法　リアリズム**
主観を交えず、芸術家や作家などの

出てきます。

いずれにしても、**芸術作品は、ある一人の芸術家がとらえた個人的なもの**なので、個性的なぶん、他の人から見たら「え？　これはなに？」と、イマイチな評価を受ける可能性もあります。

今でも「クセが強い」と、好き嫌いが分かれますよね。しかし、その芸術家にとっては、真実で絶対正解なのです。

このように、**現代文では、宗教の支配から離れた（世俗化した）近代芸術こそが、芸術の始まりであり、長ーい過去とは異なる、特殊な存在が誕生したと述べられるのです。**

そうしますと、「近代芸術」との呼び名もおかしいのでしょうね。近代まで、「芸術」はなかったなら、言わなくていいともなりますね。僕らが、あって当然と思ってしまうくらい存在感のある「芸術」って、実はわりと新しいんですね。

近代の芸術のコア

特定の視点から機械的に世の中をとらえる態度。

□**個人の想像　ロマン主義**
芸術創作などで、現実より個人的な感情や空想を重視する態度。

【近代の芸術】こぼれ話

「オーラ」というのを聞いたことがあると思います。もともとはラテン語の「アウラ」で、独特な雰囲気という意味です。オーラがある人って、じぶんにしかできないことがある！と心で思っている人のような気がします。本当は違うのかもしれませんが、そう思いこむと、合理的には説明できないオーラが出るのでしょう。近代芸術もオーラがあると言われます。その芸術家にしかつくれない1品（逸品）だからなのでしょうね。

コア
22

【象徴性】目に見えない「精神」を形にする

個性的な天才が作り上げたものが、近代の芸術作品なのでした。
宗教の支配から離れましたので、ムツカシイ問題が発生しちゃいます。
宗教的な決まりを表現するのであれば、同じ宗教内では、正しく伝わるでしょうし、みんなでわかりあえるものでした。

ところが、近代芸術は、天才芸術家の精神を表現するものになりました。天才芸術家の**「精神」**とは、形がないイメージですので、天才じゃない多くの人々には、見えませんし、わかりません。しかし、芸術家であるからには、じぶんの精神的メッセージを、多くの人々に伝えたいわけですよね。今でもミュージシャンがなぜ曲を発表するかといえば、伝えたいことがあるからですよね。芸術家は伝えたいんです。

そこで、芸術家は「精神」を伝えるために、代わりのものを使うのです。**見えて触ることのできる「形」を使う**ことになります。

例えば、じぶんの中に「寂寥《せきりょう》感や孤独感」的な「精神」があったとします。そしたら、それを「墨絵の雪山」の絵画という「形」にするわけですね。

このように、形がないもの（「形而上《けいじじょう》」とか「抽象《ちゅうしょう》」とか言います）を伝えるために、形（「形而下」とか「具体」とか言います）にすることを、**象徴《しょうちょう》**というんです。

有名なのは、〝平和（形がないもの）の象徴がハト（形）〟というやつですよね。

「近代芸術とは、芸術の象徴性である」なんて現代文に書いてあったら、ムツカシク聞こえますが、それだけのことです。**精神メッセージを伝えるために形にしたのが芸術作品だ**という意味なんですね。

入試での出題例
・2020年 早大(教育)
・2018年 甲南大(法)
・2017年 上智大(文)

関連重要語句

□**具現化**
想像したり思考したりしていたことを、具体的に実現すること。
＝具体化

□**潜在《せんざい》**
表面に表れず、潜んで存在すること。

□**顕在《けんざい》**
目に見える形で表れていること。

□**シンボリズム**
19世紀フランスとベルギーで、自然主義への反動として現れた芸術運動。事物を忠実には描かず、理想世界を喚起《かんき》する感覚や印象を表現した。
参 フランスの文学者・ユイスマンスやフランスの画家・モローが有名。
＝象徴《しょうちょう》主義

□**フォービスム**
20世紀初頭のフランスで見られた、荒々しく激しい画風の絵画。
参 主な画家にマティスやブラックな

としますと、芸術作品を見て、ただニコニコしているようではダメなんだとなりますね。「なんでよ、勝手じゃん」と怒っちゃう人がいたら、こう答えましょう。「見たときにニコニコできるものだけが芸術作品なんですか」と。

芸術作品を見たら、それはどんな精神メッセージを形にしたのか。つまり、芸術作品という「形」を見てるだけではダメで、**そこから芸術家の「精神」を嗅《か》ぎ取らねばなりません。**このプロセスを芸術鑑賞と言うんです。

その鑑賞が、正しいかどうかは、実はわかりません。個人主義の近代ですから、**その芸術家個人にとっての精神や「真実」であり、宗教的な決まりみたいな確実な正解がない**からです。この特殊《とくしゅ》な性質が、近代のあいだの芸術の特徴なんですね。

現代文では、〝形は形ではない〟なんていう言葉で芸術の象徴性が登場します。ハッタリがきいてますが、皆さんは「フッ、むつかしく見せちゃって、まあ」と対応してくださいね。

象徴性のコア

どがいる。
＝野獣《やじゅう》派

□**シュールレアリスム**
第一次世界大戦後のフランスで起こった、非現実的で夢の中にいるような絵画や文学を生んだ芸術運動。参主な画家に、ダリやエルンストなどがいる。
＝超現実主義

【象徴性】こぼれ話

芸術についての現代文では、絵画を扱うことが多いようです。けれども、音楽も芸術ですよね。クラシックの演奏では、指揮者によって、楽譜は同じなのにまるで違う演奏のようになります。楽譜を見て、作曲家（例えばグスタフ）の精神メッセージを嗅《か》ぎ取り、グスタフはこう伝えてるんだ！　と指揮するわけですから、指揮者ごとにグスタフは異なるのですね。僕には、アマデウスがいちばんムツカシイです。なんでしょう。嗅ぎ取れないんですよね。

コア
23
【現代の芸術】オリジナルより、手軽なコピーを楽しみたい

入試での出題例
・2019年 関西学院大(文)
・2017年 福島大(前期)
・2015年 中央大(法)

第2章でマスターした「現代」を思い出してください。

現代は、近代がひっくり返ってる時代なんでしたよね。芸術も、現代になってひっくり返ったのです。

近代の特徴のひとつが個人主義でしたので、近代芸術も、個人が表現したい美の世界を形にするものなのだとお話ししましたね。**その芸術家にしかつくれない独創的なものにこそ、価値があった**わけです。

しかし、**現代芸術はそんなにオリジナルにこだわりません**。そもそも現代が、**大衆社会化**しましたし、**演技性**という特徴もありましたよね。

大衆社会化しましたから、カターい芸術ばかりではなく、**アニメ**やコミックなどが、身の回りにたくさんあります。例えば、宮崎駿《みやざきはやお》監督のジブリ映画には、監督の精神メッセージがあるのですから、芸術の象徴《しょうちょう》性なんですよね。「『もののけ姫』の〝鉄火場〟はなんだろう」とか、「『千《せん》と千尋《ちひろ》の神隠し』で、最初に渡った〝橋〟はなんだろう」とか、語り合われるわけです。

ですが、アニメ映画は、**テクノロジー**のおかげで、たくさんのDVDになったり、くり返しテレビ放送もされますよね。**コピー**が量産されますので、どれがオリジナルなのかと言われたら、ちょっとよくわかりません。

さらに、演技性の時代なんです。ほんとうのオリジナルをありがたがるというよりは、マネでもよかったり、「なんかこれがみんなの正解かな」と感じられるものに乗っかっておく

関連重要語句

□**アニメ**
「アニメーション」の略。画像や人形の位置や形などを少しずつ変えたシーンを一コマずつ撮影し、像が動いているように見せる動画。
参 日本では、1950年代のテレビ放送開始以降、子供向け娯楽《ごらく》として普及した。1990年代以降は、青年向けアニメの人気もあり、幅広い年代層の大衆的な娯楽として普及している。

□**テクノロジー**
▼40ページ参照

□**コピー**
複写すること。複製すること。また、そのもの。
↕オリジナル・原本・原型・原典

□**アウラ喪失《そうしつ》**
科学的に証明できない独特な雰囲気を持つものがなくなっていく状況。

わけです。例えば、オリジナルの歌は知らないけど、モノマネタレントさんで知っている歌はあるでしょうし、モノマネのマネをしている人もいそうです。

こんなふうに、**現代芸術では、「本物！」「オリジナル！」と追求するよりは、コピーと付き合うほうが気楽という雰囲気があるのかもしれません。**

と言えば、近代芸術のほうがオリジナルを追求していてカッコいいと思われますか。

カッコいいかもしれないのですが、芸術と呼ばれているものは、長ーい過去においてはずっと技術でした。既《すで》にある決まりにしたがってつくるのでしたよね。オリジナルは特殊《とくしゅ》な短期間の近代に、突然現れただけなのでした。としますと、**現代芸術は、長ーい過去のスタイルにちょっと戻ったわけで、近代芸術と比べて優劣はつかない**のです。

ただ、現代は監視社会だという特徴もありました。コピーを量産できるのですが、著作権の問題も厳しくなっていますから、現代芸術はただカンタンにコピーともいかないわけです。

現代文でも見かけるテーマですね。

現代の芸術のコア

□**電子メディア**
ウェブサイトや電子メールなどの、電子情報をやりとりできる媒体《ばいたい》のこと。また、ウェブサイトを閲覧《えつらん》するためのパソコンやスマートフォン、タブレットなどの装置も含めて言う場合もある。
＝デジタルメディア

【現代の芸術】こぼれ話

以前、イベントで、プロ棋士の先生と対局させてもらいました。僕はその棋士の先生よりだいぶ背が高いのですが、向かい合って座ったら、巨大に見えました。なんというか、息苦しくなるくらいの圧迫感で、これが、本物の持つオーラなんだなと痛感してました。が、テレビや雑誌でその棋士の先生を見ても、圧迫感はありません。コピーしたら、当然、オーラは消えてしまいます。それが気楽なのですが、本物のオーラも体感して欲しいですね。

コア
24

【芸術家の立場】
芸術家とブルジョワジーの、ウィン・ウィンな関係

入試での出題例

・2017年 大阪大（前期）
・2016年 立教大（社会）
・2015年 同志社大（社会）

「技術者」ではなく「芸術家」と呼ばれるようになったことで、やっぱり社会的にも扱いが段違いに良くなったんだろーな……と思ったら、近代の考えに染まっていますよ。

近代において天才芸術家が誕生したのはその通りですが、近代の眼で振り返って見て、「過去の技術者は天才ではない」「どーでもいい」とするのは、歴史の順番的にムリです。それに、過去においても、「コレをつくれるのはアノ技術者しかいないよな」というのはあったはずです。

それよりも、**芸術家の立場に大きな「変化」を起こしたのは、身分制社会の崩壊《ほうかい》です**。

例えば、日本なら公家や大名などエライ人が、技術者をずっと抱え込んでくれてました。抱え込んでいたエライ人を「パトロン」と呼びます。西洋なら、王や貴族ってことになりますね。不謹慎《ふきんしん》に聞こえたらゴメンナサイですが、たとえを使うと、技術者は〝ブランドニワトリ〟です。ニワトリ小屋も宮殿内に完備して、食べるものも最高級です。大切にされます。それで、ニワトリですから卵を生みます。そのブランド卵は王や貴族つまりパトロンのものです。今のたとえで、ブランド卵に該当《がいとう》するのが、作品ということになりますね。

あるとき、**パトロンが変わります**。**身分制社会が終わったから**です。

公家や大名や王や貴族はいなくなりました。ここで、芸術家として独立したのはいいとして、そのままでは生きていけません。また、芸術の価値や値段が、実は科学的に計算でビシッ

関連重要語句

□**恒常的パトロン**
時期限定ではなく、通常的に支援してくれる保護者。

□**自己神格化**
自己の努力や演出によって、自己の価値をみずから高めること。

□**ブルジョワジー**
元は町人・市民といった意味の言葉で、裕福《ゆうふく》な商工業者や資産家で構成されている社会層を指す。
参 産業革命後、資本家として力を強め、フランス革命では貴族・聖職者に対する第三身分として権利を主張した。19世紀ドイツの経済学者・マルクスは、近代資本主義社会において資本を所有している社会階層という意味でこの語を用いている。
↕プロレタリアート

と決まるものではないということもあります。

天才芸術家なのですから、高い価値を誇りたいのですが、パトロンもいませんし、社会のリアクションも微妙ですと。そうしましたら、じぶんで高くしたい。正確には高く扱われるように見せたい。これを**「自己神格化」**なんて言います。

そして、その「高い価値を見せてくる」天才芸術家を、じぶんの持つブランドに加えたいと思っているのが、新しくパトロンっぽくなった**「ブルジョワジー」**という人たちです。

ブルジョワジーは、生まれつきの貴族や公家ではありません。身分制がなくなってから、じぶんで頑張って成り上がった資産家のことです。カネの次は名誉……なのでしょうか。ただの成り上がり者ではないと、芸術に理解（あるフリ!?）を示したのですね。

芸術家とブルジョワジーで、ウィン・ウィンの関係が成立したわけです。

現代文では、この移り変わりをテーマにすることがあります。**芸術家は、不動の価値を誇ったのではなく、歴史的にあれこれと変わってきた**と知っておくといいですね。

芸術家の立場のコア

【芸術家の立場】こぼれ話

料理人と言えば、ミシュランガイドで三つ星！　なんて、ニュースで見たことがあります。あれも、「自己神格化」にはピッタリなのでしょう。かつての宮殿にいたお抱え料理人が、星を取りたがるとは思えませんが、今や効果絶大です。ただし、「なんだよミシュラン。エラそーに」と思う料理人もいるはずです。しかし、星を取れば店が繁盛しますし、名誉といえばそうでしょう。

「美術館のジレンマ」という入試問題がありました。同じです。美術館に認められたら「神格化」ですが、美術館は芸術家ではありませんし、「エラそーに」と反発しながらも、展示されたかったりするわけで、科学的に計算で答えなんて出ない芸術は、やはり複雑なのですね。

入試問題チェック

2018年千葉大（前期）

菅香子『共同体のかたち』より

作品が展示されるということ、わたしたちはそれをきわめて当然のこととして受け入れがちだ。だが、作品を展覧会で**鑑賞**するというのは**近代になって始まった**習慣である。一七九三年に、フランス国王の宮殿だったルーブル宮の一角がギャラリーとして一般に公開された。これがルーブル美術館の前身である。それまで、絵画や彫刻がどのように扱われていたかというと、それらは**寺院や教会**や権勢のある人々の館といった特定の空間に設置されて特定の役割を果たしていたり、コレクターによって個人的に所蔵されたりしていた。一般の人々に向けて作品が展示されることは、ある時代に生み出されたひとつの制度なのだ。

　この比較的新しい制度が当然のものとなってからは、作品のあり方も変わる。**美術館**の誕生以前にももちろん作品はつねに「見られること」を前提にして作られてきたのではあるが、美術館という制度ができてからは、特に、あらゆる人に対して展示されることが前提とされるようになったと言えるだろう。わたしたちは作品が展示されることを当然と受け止めてしまうため、「エクスポジション」を作品が展示される単なる場所だと考えてしまう。だが、いま、「エクスポジション」そのものが芸術作品のあり方に根本的な意味を持つようになっているのではないだろうか。

　これまで芸術作品は基本的に「表象」としてとらえられてきた。それは、かつて儀式や宗教や国家のなかで、何らかの出来事や誰かを記憶にとどめるため、のちの時代に語り継ぐため、出来事を説明し意味を与えるため、死者を弔うためなどに用いられてきた。そうした作品とは、何かを表象するためのものである。

　芸術に与えられていたのは、表象するという役割、イメージを作り出すという役割だったと言える。

　ところが、二〇世紀の半ば頃から、表象そのものの意味が問い直されるようになった。あ

重要語句の確認

□**鑑賞**
➡コア22参照

□**近代になって始まった**
➡コア21参照
➡コア24参照

□**寺院や教会**
➡コア20参照

□**美術館**
➡コア20参照

□**現代アート**
➡コア23参照

□**マルティン・ハイデガー**
ドイツの哲学者。人間を世界内存在として捉える実存哲学を創始した。主著に『存在と時間』がある。

□**共同体**
家族や村落など、血縁や地縁に基づき自然的に発生した閉鎖的な社会集団。

るいは、表象という作用が崩壊したと言っていいかもしれない。**「現代アート」**と呼ばれるものは、何らかの表現あるいは呈示ではあっても、もはや何かを表象しているとは言いえない。何かを表象するということが芸術の役割ではなくなったのではないか。そう思わせる作品が現れてきている。このことは芸術における重要な転換点に見える。

芸術作品が、表象するということから離れていったとき、それは何かを露呈するものへと変わっていく。芸術作品を成り立たせる契機が、表象ではなくエクスポジションそのものになった。

そう考えさせるのは、現代哲学のひとつの傾向、とりわけ**マルティン・ハイデガー**以降の世界大戦の経験を経て更新されてきた**共同体**をめぐる思考の展開である。

なぜ芸術が共同体をめぐる問いと関係するのか。それは芸術作品の根本的なあり方に関係している。芸術作品はつねに「見られるもの」として作られ、「見る」ことを通して多くの人々の共有のうちに置かれる。作品は見られることを前提として作られる。つまり、作り手以外の誰かを前提として作られるのである。その前提のもとでは、作品はそれにかかわる人々の共同性においてしか成立しない。だから、芸術作品は共同性と根源的なつながりを持っており、根本的に共同的な何かであり、わたしたちの共同的関係の結節点なのだ。この事実はあまりに自明すぎて、かえって問題にされることがまれである。

問 傍線部「美術館という制度」とあるが、これはどのような制度か、簡潔に説明しなさい。

! 注目ポイント

文章のはじめに、「作品が展示されるということ、わたしたちはそれをきわめて当然のこととして受け入れがちだ」と書いてあります。コレって一般論ですよね。筆者は違うことを言いたいわけですね。

もう1点。「(展覧会での鑑賞は)近代に始まった」ということで、時を示しています。他の時が出てくるんだと思いますが、他の時が何個出てくるのかはわかりません。勝手に二項対立だと思いこんで、視野を狭くしないようにしましょう。

この2点を意識してください。

解説

かつて、絵画や彫刻は、寺院や教会や権威ある人々の館にだけ設置されて、特定の役割を果たしてました。それが近代になると、展覧会が始まり、スペシャルな人々じゃなくても、絵画や彫刻を鑑賞できるようになりました。そのため、わたしたちは作品を鑑賞出来るのが当然だと思ってしまってるんですね。違います。近代に始まった制度なわけです。

しかし、現代アートの性格は、近代とは違うものになりました。作品は、何かを表象するものではなくなり、芸術も、共同性においてしか成立しなくなりました。つまり、わかり合ってる仲間の中だからこそ芸術作品として成立してるというわけです。コレが、ちらっと出てきた、ハイデガーの言う〝実存とは世界内存在だ〟というお話なんです。

解答

かつては儀式や宗教や国家の役割を果たしていた作品が、近代になり、あらゆる一般の人々に向けて、展示されるようになった公共の制度。

傍線部のある段落のはじめに「この比較的新しい制度」と書いてありました。比較的新しい制度って、美術館という制度のことですよね。「この」とあります。指示語ですので、前をまとめましょう。一般の人々に向けて展示されるのが、「生み出された制度」なのだとわかりました。次に、「特定の役割」について説明します。15行目に「かつて」とありますね。かつては「儀式や宗教や国家の役割」だったのだとわかります。そしたら、「特定の役割」なんていうアバウトな記述よりもダンゼン高得点の解答が記述できます。

さらに、新しい美術館という制度は近代の特徴だったわけです。現代アートとは異なりますよね。現代アートは共同体でやるのです。近代は現代と異なりますので、美術館とは特定の共同体じゃない場所なのだと書けます。さらに高得点がねらえますね。

もうひとつ、チェック

価値の流行は、○→△→○のような順番が多いようです。ファッションの流行などもそうですね。

ここでは芸術作品が、仲間内（寺院や教会）→個人鑑賞→美術館→仲間内（現代共同体）という変遷をたどってきたことが書かれていました。

ですので、22ページでもお願いしたように、「時」がいくつ登場するのかを探しながら読解するようにしてください。

第5章

哲学

[Philosophy]

- そもそも哲学とは
- パラダイム
- 弁証法
- 形而上と形而下
- 臨床哲学
- 身体

コア
25

【そもそも哲学とは】哲学は、上に伸びていくために必要なもの

入試での出題例
・2020年 上智大(法)
・2019年 早大(法)
・2018年 関西学院大(文)

さあ、哲学でーす。やってまーす。

なんて爽《さわ》やかに言うと、「哲学はそんなもんじゃない」と、眉間《みけん》にしわを寄せ、無精《ぶしょう》ヒゲで、髪もボサボサに伸びてる細身の哲学者に怒られてしまいそうですかね。

そういうイメージがたしかにありますが、すみません、それは「哲学とは何か」をワカッていないから発生しちゃうイメージ先行です。哲学については、このイメージ先行が多くて、ヨクワカラナイのに「彼には哲学があるからさ」なんて言ったりします。

ですから、ワカッてもらえるように、**「哲学とは何か」を一言にしてみますと、「見えない〝真理〟〝答え〟を出そうとすること」です**。

真理とは、**正解**とか**究極価値**とか、そんなふうに思ってください。

それは人間の目には見えません。見えないのに、その答えを出そうとアタマをひねるのが哲学者ですし、勘違いかもしれないけど「答えが出た！」とふるまってる人を、「彼には哲学がある」なんて表現するわけです。

そして、いちおう出た〝答え〟ごとに名前が付けられました。**「実存主義」**とか**「構造主義」**とか、そういうカタい名前です。**「民主主義」**や**「平和主義」**などのメジャーなものから数えていっても無数にありますね。

しかしながら、**真理を考えたからといって、なんでもうまくいくとは限りません**。でも、**真理を考えてから行動を開始したほうが、基礎がしっかりしていて、上に伸びて行きやすい**のは間違いありません。

関連重要語句

□**主義の分類**
思想の分類をして業績にする、哲学者の態度ではない哲学学者。

□**philosophy**
英語で「哲学」の意。世界や人間についての根本原理を追求する学問。広い意味では、人生観・処世《しょせい》観・達観なども含む。
参 語源となったギリシア語の philosophia は「知を愛すること」を意味する。

□**PH.D.**
「哲学博士」を意味する英語の Philosophiae Doctor の略。一般的には、哲学に限らず博士号または博士号取得者を指す。

□**基礎研究**
特定の用途を目的としない、技術や理論の新知識を発見するための研究活動。

皆さんの受験勉強も同じではないでしょうか。「司法制度がおかしい、ニュースで知った判決に納得いかない。だからじぶんは法学部に行き、司法試験を突破して、法曹《ほうそう》界に入るゾ」というのは哲学です。そうしたら、早く法律の勉強をしたいから受験勉強なんかはとっとと終わらせよう、となりますよね。

このように、**哲学はすべての基礎として、上に伸びるためには必要なのです**。学問の世界では「哲学」は一目置かれています。研究者には価値がわかるのです。ただ、社会に出るとき（就職など）には、一目置かれていないようです。

現代社会では、すぐに結果だけ欲しがる風潮があるようです。基礎の哲学なしに上に伸びようとして、結局ぐらついてコケちゃうなんて事態は、いろんな分野で発生しています。というか、増え続けています。

ですので、現代文では、**それを問題視して語っていくものが増えている**んだと思っておいてください。

そもそも哲学とはのコア

↔応用研究

□**認識**
知ること。あるいは知った事柄。

□**自我**
じぶん、自己。哲学では、意識や行為の主体となり、他者や外部の世界とは区別して認識される自己を指す。

【そもそも哲学とは】こぼれ話

京都大学は、ノーベル賞受賞者もフィールズ賞（数学のノーベル賞）受賞者も圧倒的に多いわけです。それは京都大学が基礎研究を重視する大学だからなのでしょう。伝統的に哲学分野は強いですし、全国の大学を見たら工学部が多いのに理学部の存在感がすごいわけです。工学部はアイデアの実用化、理学部は未発見のアイデアを追求します。数理解析研究所（RIMS）には望月新一教授がいらして、フィールズ賞2～3個分と言われる数学未解決問題を解いたとのニュースもありました。

コア 26

【パラダイム】ものの見方は、時代によって変わっていく

入試での出題例

・2019年 関西大(法)
・2019年 広島大(前期)
・2018年 京大(前期)

小学4年生のときに初めて眼鏡をかけたときは感動しました。

その後コンタクトは未経験で、ずっと眼鏡マンです。クルマの運転では度入りサングラスです。これも便利です。最近は老眼で、ものを書くときには老眼鏡。

こんなふうにその場ごとに眼鏡を変えています。とはいえ、古い眼鏡に戻ることはありませんが。

この、眼鏡に当たるのが**パラダイム**です。

見つめる相手である世界は同じですが、**どんな眼鏡を通して見るのかによって、見え方が変わりますよね**。

パラダイムとは、もともと科学の用語でした。「地動説」や「天動説」というのを聞いたことがありませんか。あれも、地球を見るときの眼鏡の違いなんですよね。

今、パラダイムは、もっと一般的に**「ものの見方や考え方の枠組」の意味**で使われます。

哲学で真理という答えを出すときに、どのような考え方をするかによって、答えも変わってきます。そして、哲学をするのは人間ですから、**その人間がどんな時代の中にいるかで、枠組の優先順位も変わってくる**わけです。

眼鏡のフレーム（これも枠組ですよね）にも流行があるのと同じです。流行が変わったことを**パラダイムチェンジ**と言います。**何がいちばん大切で、優先順位が高いのかは、時代の流れで変わる**ということです。

関連重要語句

□**認識**
▼73ページ参照

□**心身二元論**
心と身体は本質的に異なる実体であるとする17世紀フランスの哲学者・デカルトの説。この世界には肉体や物質などの物理的実体とは別に、能動性をもった心的実体があると考える。
＝物心二元論

□**SOL**
英語の Sanctity of Life の略。生命の尊厳。生命は尊く、いかなる状況でも死ではなく生を選ぶべきという立場。

□**QOL**
英語の Quality of life の略。生活の質、生命の質。日常生活の充実度などを意味する。

□**脳死**

さて、現代文では、時代ごとのパラダイムのうちでも名前がついているものについて、それをテーマとして語ることがあります。

コア25に出てきた**「実存主義」**や**「構造主義」**もパラダイムの一種でして、それについて語るわけですから、内容を知っておくと有利ですね。

さらに専門的な現代文になりますと、生命維持が最重要で、生きていれば良しとする**SOL**（生命の尊厳という意味の略語です）が優先なのか、生き方の中身が肝心だという**QOL**（生命の質という意味の略語です）が優先なのかを語るなど、いろいろあります。

難しく考えなくても、身近なことでもいいんです。例えば、クラスの選抜メンバー。クイズ選手権出場のときとスポーツ大会のときとでは異なるハズです。こんなふうに、身近にもパラダイムは自然にあるわけですね。入試問題で出会ったときに、このパラダイムは好きだな、このパラダイムは無理があるだろう……なんて考えると、パラダイムがじぶんにとって身近なものになりますよ。

パラダイムのコア

脳幹を含めた脳のすべての機能が失われ、回復不能となった状態。心肺機能は人工呼吸器などで維持されている。

□モラトリアム

20世紀アメリカの精神分析家・エリクソンによる用語。本来は「支払い猶予《ゆうよ》期間」の意味だったが、転じて、社会的責任を免除・猶予されている青年期のことを指す。

【パラダイム】こぼれ話

社会に出る前の若者が、パラダイムを持ちたくない、じぶんの役割はこうなんだとか、決められたくない……と心理的回り道している状態を「モラトリアム」と言います。執行猶予期間と訳されます。アメリカの精神分析家のエリク・H・エリクソンが名付けました。近代に「変化」が起きて、じぶんはじぶんだ！となったとき、すぐにはうまくいかない若者がモラトリアムになってしまうのですね。

コア 27

【弁証法】真理と真理がバトルして……

この辺りまで読んでもらうと、疑問が芽生えていたりしませんか。

コア25で、哲学は〝真理〟という〝答え〟を出そうとすることだとお話ししました。そのくせ、名前のついたナントカ主義がいろいろあるだとか、パラダイムがたくさんあるとか、〝真理〟ってなんだよ、バラバラなのかよと。

その通りですね。**ほんとうにひとつだけ不動の真理が決まるわけではない**ので、そんな疑問が発生するわけです。

そこで、ご紹介したいのが**ヘーゲル**というドイツの哲学者です。**入試の現代文では、ヘーゲルの弁証法というシステムを押さえるのはとっても大切です**。

ひとまず77ページの図解をご覧ください。

①哲学者Aが〝真理〟という〝答え〟を出します。これを「**テーゼ**」と呼んでおきましょう。

②しかし、他の哲学者Bも〝真理〟という〝答え〟を出してました。Aの答え（テーゼ）とは全く違う答えでした。これを「**アンチテーゼ**」と呼んでおきましょう。

③しかし、よく考えると、それぞれが相手にいいところがあるなと認め合いました。AとBを合わせたら、ムテキなんじゃないかと思い始めました。この段階を「**アウフヘーベン**」と呼びます。

④そして、AとBを合わせた進化形の結論を「**ジンテーゼ**」と呼ぶんです。

この①〜④のシステムを**弁証法**と言います。

入試での出題例

・2019年 文教大(国際)
・2019年 法政大(文)
・2016年 高崎経済大(前期)

関連重要語句

□**ヘーゲル**
19世紀ドイツの哲学者。世界を運動・変化する弁証法的発展の過程としてとらえた。
参その弁証法は、マルクスにより弁証法的唯物論として批判的に継承された。

□**テーゼ**
定立。ある事柄についての肯定的主張。

□**アンチテーゼ**
反定立。特定の肯定的主張に対応する否定的主張。

□**アウフヘーベン**
止揚《しよう》。二つの対立する概念を発展させて統合し、より高次の概念を導き出すこと。

□**ジンテーゼ**
総合。テーゼとアンチテーゼをアウフヘーベンすることにより、矛盾・

でも困ったことに、哲学は終わりがなくて、さらに別の哲学者Cが出てきます。そのCとさっきのA＋Bがまた①〜④をする……という具合に、ずっと続くのです。

ですから、A・B・A＋B・Cに当たるのが「ナントカ主義」でして、それはいっぱいあるわけですね。

ほら、マンガでも、あるあるな展開でしょう。主人公をテーゼとしますと、そのままではストーリーが進みませんから、敵であるアンチテーゼとバトルします。気が付くと、一緒になってジンテーゼで、次の強い敵とバトルして……これはパターンですよね。

現代文でも見かけます。例えば、「都市開発をするぜ」テーゼと「いや、自然保護だろ」アンチテーゼを比較して、「自然環境が持続できる範囲内で開発を進めよう」という進化形の結論ジンテーゼに持っていくタイプの課題文は、弁証法で書かれているわけですね。

この構造をつかめると、読解のときにアタマがこんがらなくてすみます。

弁証法のコア

対立が解消し、高次の概念に統一された状態。

【弁証法】こぼれ話

ヘーゲル哲学の弁証法について、現代哲学は違和感を覚える場面があるようです。「ジンテーゼは可能なのか」という点です。もともと矛盾してバトルしていたAとBを合わせられるのかという点が疑問なのです。マニアックになりますが、そういう現代哲学には、非同一性を語るアドルノの「否定的弁証法」や、偶然性を語るメルロ・ポンティの「超弁証法」や、統合しえない複数性を語るクリステヴァの「ポリローグ」などがあります。現代文では、「臨床哲学」を読んでください。

コア
28
【形而上と形而下】精神と物体の、切っても切れない関係

入試での出題例
・2019年 中央大(文)
・2018年 上智大(文)
・2018年 立教大(文)

現実に労働していますと、「真理とかなんとか言ってたって、暮らしてけねーんだよ」との声が聞こえてきそうです。世の中の圧倒的多数は、日々、モノを売ったり、書類にハンコをついたり、テキストを持って授業していたりするわけです。つまり、**物体を扱う日々**なのですよね。

そんなとき、「待てよ、私は今、真理を追求しているのか」と思って考え込んでいたら、「早くやれや」と叱られてしまいます。哲学するなら、よほど出世して偉くなってからですかね。偉くなったら、「この経営方針は従業員に安心と喜びを与えているだろうか」なんてことも考えなければなりません（安心や喜びのような精神的な面を考えずに、いくつモノが売れたか、物体ばかり考えていたら、いわゆるブラック企業でしょう）。

このように、**物体レベルなことは下位で、精神的レベルなことを上位だと見る**のは、人間や社会の現実なのかもしれません。

皆さんも、学校の時間割で、英語、数学、古文などのアタマ系の科目はヘビーで大切だと感じているけど、体育や美術などカラダ系の科目を軽く見ていたりしませんか。

物体つまり形のレベルにとどまってるのを**「形而下《けいじか》」**と言います。形というボーダーラインを超えきれずに、ラインの下にいるイメージです。簡単な言葉だと、**「具体」**ですね。**見えて、触ることができるものです**。

逆に、精神的なのは**「形而上《けいじじょう》」**と言います。形というボーダーラインを超えて、上のレベルに行ったイメージです。簡単な言葉だと、**「抽象《ちゅうしょう》」**ですね。**形がなく、イメージです**。

現代文では、この「形而上」と「形而下」の関係が、いろんなテーマの基本になります。

関連重要語句

□**具体**
知覚できる形・姿を備えていること。
＝具象

□**抽象《ちゅうしょう》**
具体物の特定の要素・側面・性質を抜き出して把握し、一般化して捉えること。及び、捉えられたイメージ。同時に、一般化されないことを捨象《しゃしょう》している。

□**本質**
物事の根本的な性質。物の本来の姿。

□**現象**
形として現れ、形而下《けいじか》で捉えることができるもの。

□**フィジカル**
物質に関するさま。形而下の。
参 文脈に応じ、「物理的」「物理学的」「肉体的」「身体的」などにも言い換えられる。

□**メタフィジカル**

第4章では、形而上の精神を、芸術作品という形（＝形而下）にするのが芸術なんだというお話をしましたし、第3章でも、こういうのが欲しいなあという精神（＝形而上）から、科学製品という物体（＝形而下）が発明されるんだというお話をしましたね。さらに、第1章「近代」では、「やりすぎ神」から発信された「変化」という精神（＝形而上）が、服装やスタイル（＝形而下）を変えたと確認しましたし、第2章「現代」では、「大衆」が同調しておけば安全だという気持ち（＝形而上）で、カリスマに合わせる（＝形而下）のでしたね。アラー。どこにもかしこにもあるんです。

というわけで、**「形而上」と「形而下」は、ステージが別でありながら、互いに関係しているんだ**と、現代文では考えてもらうとよさそうです。

現代文だけでもないですね。合格したいという願いは「形而上」で、とても大切ですが、それだけではダメで、問題を解く・参考書を読むという現実の勉強、つまり「形而下」も同時に大切ですからね。

形而上と形而下のコア

形而上《けいじじょう》学的なさま。形而上の。形がなく、感覚的な経験で捉えられないさま。

【形而上と形而下】こぼれ話

世間のお仕事を眺めても、現場軽視・本部事務機能重視の体制があるかもしれません。かつての刑事ドラマでは、「事件は会議室で起きてるんじゃない！　現場で起きてるんだ！」と刑事が犯人を追いながら叫んでいました。叫ばなきゃいけない体制があるのでしょう。この形而上（つまり現場じゃないほうです）重視を批判する哲学は、20世紀からあります。例えば、アドルノは「形而上学志向は権力を生む」と見破り、デリダは「脱構築」として制度への批判を語っているのです。皆さんが社会人になったら、どうお感じになるのかなと思います。

コア 29

【臨床哲学】他者がいてこそ、他者としてのじぶんがわかる

入試での出題例
・2017年 関西大(法)
・2016年 成蹊大(経済)
・2016年 武蔵大(社会)

現実に暮らしている圧倒的多数の人たちは「真理とかなんとか、言ってられねー」のでしたが、**その人たちにこそ、悩みも苦しみも不満もある**はずです。

そこに対処せず、形而上《けいじじょう》的な真理を追求しているだけだとしたら、「哲学って、インテリに見られたいファッションなの!?」という疑問が生まれるかもしれませんね。

さらに、第2章でお話ししましたように、現代社会は、基本的なところから答えがぐらついている時代でもあります。不安定だからこそ、答えがほしいんですね。

そういう時代に、**臨床哲学**なるものが登場したわけです。

臨床とは、医学だと診察室や病室のように直接患者と向き合うところですが、もとは「現場」という意味です。つまり、**現場の哲学**という意味になりますね。しかも、哲学者が出した真理をズラズラと語るのではなく、**相手の現場を「聴く」ことから始める哲学なんです**。

精神病理学という分野からは木村敏先生、哲学の分野からは鷲田清一《わしだきよかず》先生が、臨床哲学をアピールされました。

特に鷲田先生の著作は入試問題にめちゃめちゃ多く使われています。『じぶん・この不思議な存在』という代表作には、**「じぶんとは他者の他者である」**と書かれています。

例えば「中学校までは神童だった」→「ハイパー進学校に進学したら下位1割の成績になってしまった」→「もう絶望だ……」ありそうな話ですよね。

違うんです。周りにいる**他者**が、〝じぶんより頭悪い人たち〟から〝ハイパー進学校パーソン〟に変わったのです。

そうしたら、そのハイパーパーソンにとっての「他者」(例えば、〝日本史だけはハイパー

関連重要語句

□**臨床**
病床に臨んで実地に患者の診療にあたること。

□**他者**
自己と区別される人間。20世紀フランスの哲学者・サルトルは、人間を他者との関係性の中で規定される存在として考えた。

□**じぶん探し**
本当のじぶんは現状のようなつまらない存在ではないとし、絶えず現実から逃げ、どこかにあると信じているじぶんの価値を追い求める態度。

□**個性**
▼14ページ参照

□**アイデンティティ**
▼14ページ参照

□**コンプレックス**
精神分析の用語で、意識下に抑圧されている強い感情や葛藤《かっとう》を指す。

パーソンもかなわない鬼〟とか〝部活のドン〟とか）になれれば、「じぶん」が成立するということなのです。

じぶん探し……キミだけの**個性**……なんて言わないことですよと。個性がないと思って無茶して、ただの痛い人になったり、中年になってもじぶんを探して迷子になっちゃったりしますから。

今、ここで、この他者がいる現場で、他者としてのじぶんの意味がわかるのですから。

まとめて一言にします。**独立した絶対的な正解なんてない！**ってことです。

例えば、これからも不透明な時代（＝じぶんではないということでの他者）が続くとしますと、従来は絶対正解だった上昇志向もどうなんだろう、違うな、となるでしょう。今は地に足着けて大きなことを考えないほうが生きやすいなと、その現場で意味（＝適切な他者になること）を考える。

それが臨床哲学の態度なのですね。

臨床哲学のコア

参 19～20世紀オーストリアの精神科医・フロイトが唱えたエディプス・コンプレックスなどが有名。また、じぶんが他者よりも劣っているという劣等感のことを単に「コンプレックス」という場合もある。

【臨床哲学】こぼれ話

ロナルド・D・レインというイギリスの精神医学者は、「じぶんの行動の意味が、他者に知られることによって、他者に及ぼす効果によって、じぶんが何者であるか教えられる」と書いています。日本では、90年代くらいまでは特に、〝個性〟〝ほんとうのじぶん〟〝私さがし〟狂騒曲でした。ドラマも音楽も、そういうのばっかりでした。しかし、そんなのは「青い鳥」でした。飽きた、疲れた時代なのですよね。『青い鳥』とは、メーテルリンクの作品で、「どこかにある幸せを探してたが、結局、それはじぶんの胸の中にあった」という物語です。

コア
30 【身体】アタマで考えるだけではダメなのかもしれない……

入試での出題例
・2018年 早大（文化構想）
・2017年 神戸大（前期）
・2016年 文教大（国際）

「身体」は、**「臨床哲学」**の続きで考えると、理解してもらいやすくなります。

臨床哲学では、「じぶんはこうなんだ！」「個性が大事だ！」じゃなくて、**現場で意味がわかる**とお話ししました。

身体もそうなんです。「え、さすがに身体はガチッとあるでしょう。身体の意味がわかるとかわからないとか、そっちのほうが、むしろ意味わからない……」と言われちゃいそうですね。

しかし、**僕たちは、じぶんの身体を全部見ることはできません**。背中を肉眼で見るのは不可能ですし、じぶんの声だってわかっていません。

僕は仕事柄、じぶんの声をかなりよく聞くほうですが、録音されたじぶんの声を聞いたら、全く違う声でした。低音で、ちょっと気持ち悪かったですね。つまり、じぶんの身体も**イメージ（像）**だけなのです。しかも、そのイメージ（像）はアヤシイのです。

ここで、一言でまとめてしまいます。**身体はイメージ（像）なのです**。

実体はわかりません。こんな感じの声、こんな感じのルックス、すべてイメージなのですね。だからこそ、人間は、じぶんの身体のイメージや意味を考えなければなりません。

まず、**身体は精神をあらわします**。メイクを頑張ったり美容整形したりする人は、美しいイメージで見られたい気持ちがあるということです。これは、あの「形而上《けいじじょう》と形而下《けいじか》は関係しているんだ」というお話です。

身体を傷つけて、じぶんのイメージや意味を確認しなきゃいけないほど、現代はぐらつい

関連重要語句

□**イメージ**
視覚的要素を中心とした、心の中で思い描く映像や印象。

□**像**
かたち。姿。また、思い描いている理想的な姿やあり方のことも指す。

□**復権**
一度失った権利や名誉などを回復すること。

□**舞踊《ぶよう》**
踊り。身体を使った連続的な動きを一定の空間で行うこと。
参 古代では呪術《じゅじゅつ》的・宗教的側面が強かったが、次第に芸術性や娯楽《ごらく》性が強まり、現代では多くの場合、音楽などを融合《ゆうごう》した総合芸術となっている。

□**同調**
他者と調子を合わせること。他者の意見や態度を肯定し、同じ行動をと

ている時代なのだそうです。美容整形もメスを入れますし、メイクもケアしなければ肌に良くありませんよね。でもやるわけです。髪の色を変えて明るいイメージになりたいとか、スキンヘッドにしてワルなイメージに見られたいとかも、同じです。

次に、**身体は、アタマよりも要注意なんじゃないかというのが、最近注目の話題です。**アタマでは明日の予習をしようと思っていても、睡魔（身体）に勝てなかったりしませんか。急にボールが飛んできたら、アタマで考えるよりも先に身体が反応して、避けるのではないでしょうか。

形而上つまり精神を重視してやってきたのは、近代以降です。思い出してください。近代になって、感情よりも理性（アタマ）重視に「変化」したのでしたよね。現代において、近代は批判されてるのでした。近代でアタマばかり重視してきた結果、いろんな問題が生じてきた。**理性ばかりではなくて身体だって要注意なのだと、現代文では語られるのです。**

受験勉強でも、アタマで理解するのは大切ですが、テキストを眺《なが》めてるだけではダメで、身につけるためには何度も書いたりしますよね。そういうことだと思ってください。

身体のコア

ること。

□**音声　トーン**

言葉には不思議な力があるという言《こと》霊《だま》の発想から、人間の使う言葉は意味以外にメッセージを届けるとすること。

【身体】こぼれ話

臨床哲学者の鷲《わし》田《だ》清《きよ》一《かず》先生は、身体を覆《おお》うファッションについても論じておられます。服装にとくにかまうかかまわないかが、じぶんと他者の成立にかかわります。ファッションもまた、「他者の他者」として成立するときに、おしゃれなのですね。とすると、ファッションにじぶんの意味の成立を賭《か》けていて、「ファッションはいつも愉しいが、ときどきそれが涙に見えることがある」ものなのです。

入試問題チェック

2017年神戸大(前期)

三浦雅士『考える身体』より

舞踊ほど根源的な芸術はない。ここ二十年来、バレエや日本舞踊を熱心に見つづけてきて、繰り返しそう思った。

感動とは**身体**的なものだ。人によっては、理論的な何かがまずあって、その理論に近いものに出会って感動するということがあるのかもしれない。だが、それはたぶん偽物である。ほんものの感動はそんな余裕を与えない。それは嵐《あらし》のように、突風のように襲ってくるのである。鼓動が高まり、背筋が青ざめる。文字通り、打ちのめされるのである。

感動は**相対的**なものではない。**絶対的**なものだ。嵐が過ぎ去って、これはいったい何だったのかと、人は考える。感動する身体とはいったい何か。そしてまた、感動させる身体とはいったい何か、と。だが、考えているそのそばから、さらにまた新たな感動が襲ってくる。身体が震えるのである。こうして、なかば陶酔し、なかば覚醒《かくせい》しているという不思議な状態に置かれる。これこそ舞踊の醍醐《だいご》味《み》なのだ。

この舞踊の醍醐味のなかで、感動とは身体の問題であると考えるようになった。あるいはマイケル・ポラニーに倣って**暗黙知**の問題と言っても、市川浩に倣って精神としての身体の問題と言ってもいい。いずれにせよそれは、**精神だけの問題ではない**。**それ以上に身体の問題なのだ**。

おそらく人間はある段階で、精神と身体という区別によってその生産性を著しく上げることができるようになったのだろう。もしも人間の生が言葉と舞踊をその根源とするならば、精神と身体の区分など長いあいだ些末なことにすぎなかった。

プラトンがその共和国から詩人を追放したことはよく知られている。だが、同じように舞踊家をも追放したことはなぜか論じられることが少ない。西洋の伝統において舞踊が文学のはるか下に置かれてきたことのひとつの証左だが、プラトンは、それこそペンテウスよろし

重要語句の確認

□**身体**
⬇コア30参照

□**相対的**
⬇48ページ「相対性」参照

□**絶対的**
⬇42ページ「絶対性」参照

□**暗黙知**
物理化学者マイケル・ポラニーが提唱した概念。経験や勘のように、意識化・言語化の困難な身体レベルの知を指す。

□**精神だけの問題ではない それ以上に身体の問題なのだ**
⬇コア28参照

□**ファシズム**
全体主義。個人の自由や権利より、国家の利益を優先する考え方。

□**直截《ちょくせつ》**
まわりくどくなく、きっぱりしていること。また、ためらわず、すぐに決断すること。

く、その共和国からディオニュソスとその一統、バッコスの踊りに類いするいっさいのものを追放しようとしたのである。『法律』に明記されている。

プラトンは陶酔を嫌った。陶酔を嫌ったそのプラトンが、ポパーによれば、逆に**ファシズム**の元祖になってしまったというわけだから皮肉というほかないが、少なくとも舞踊の魔力を恐れていたことは確かだろう。そしてその魔力とは、精神と身体という区分そのものを無化するものにほかならなかった。

だが、繰り返すが、舞踊ほど根源的な芸術はない。精神と身体のこの分離と融合の劇にしても、身体という場において、よりいっそう**直截**《ちょくせつ》にあらわにするものこそ舞踊だからである。比喩のからくりをあらわにする。頭脳を通してではない。頭脳を含む全身体を通してあらわにするのである。

内容と形式はつねに入れ替わる。あるときは形式が内容になり、あるときは内容が形式になる。分かりきったことだ。精神と身体にしても同じである。**言葉**と文字にしても同じだ。それは何かを運ぶものであると同時に、運ばれる当のものでもある。次元の階段を上るそのつど、内容は形式に変わり、形式は内容に変わる。舞踊もまたひとつの形式だが、完璧《かんぺき》に達成されたその形式は、舞踊の精神すなわち内容にほかならない。そこでは身体が精神なのである。プラトンが舞踊を嫌悪した理由である。それは手段ではありえても、目的ではありえなかった。また、あってはならなかった。優美な立ち居振る舞いのための舞踊、戦闘での雄々しい振る舞いのための舞踊は許せても、それじたいが思考の具現であるような舞踊は許せなかった。端的に、ありえないはずだったのである。

問 傍線部「プラトンが舞踊を嫌悪した理由である」とあるが、プラトンが舞踊を嫌悪したのはなぜだと筆者は述べているか。六〇字以内で説明しなさい。

□**言葉**
⬇コア37参照

! 注目ポイント

文章の全体で「身体」と「精神」とがずっと書かれていますよね。ここにピンときてください。大切なのでずっと出てきます。

それで、「精神」と「身体」の区分によって、生産性がアップしたのが、人間の歴史の〝ある段階〟だそうです。時を示してますね。

区分してなかったのが〝ある段階〟より過去つまり「変化前」です。何か「変化する原因」があったから、区分されたのが「変化後」と書いてあるのだと予測するのが、お約束でしたね。

解説

舞踊が根源的な芸術だったことからもわかりますが、もともと精神と身体に区別や上下なんてなかったんですね。理論（精神）を先に知っていて、それと近い現実に出会う（身体）から感動するなんて、感動としては偽物だと。舞踊を見て感動（身体）したり、そこから舞踊を考えたりする（精神）のは、一緒に湧き起こるわけです（変化前）。

ところが、人間の歴史の〝ある段階〟で、生産性が大切になりました。近代から大きなパワーになった資本主義経済も、それを後押ししたからですね（変化した原因）。

それで、精神と身体とが、区分されるようになりました（変化後）。

そして、哲学者のプラトンが舞踊を嫌っていたんだと突然登場しました。プラトンは〝精神と身体の区別なし〟がイヤな立場の実例ですね。哲学者ですので、身体よりも精神を上位だと考えたいのです。そのためには精神と身体とは区別されなくてはいけないわけですよね。

解答

哲学者プラトンは、精神と身体を区分したいのに、舞踊は思考の具現化で、精神と身体の区分を無化してしまうものだから。（56字）

なぜ「プラトンが舞踊を嫌悪したのか」を説明します。傍線部のある段落の終わりに、「思考の具現であるような舞踊は許せなかった」と書いてあります。ただ、〝思考の具現〟だけでは、字数不足ですし、よくわかりません。24行目の「プラトンは陶酔を嫌った」から始まる段落に注目しましょう。陶酔を嫌うとは舞踊の魔力を恐れることで、魔力とは、精神と身体の区分を無化するものでした。ここをまとめたら、舞踊の説明がくわしくできそうです。で、良くないことを説明するので、「てしまう」を用いるといいでしょう（くわしくはコア59で）。

もうひとつチェック

コンサートに行くより、DVDのほうがくりかえし観られてよさそうです。しかし、コンサート会場の空間での、ナマの演奏、肉声、熱量はたまらない感動ではないでしょうか。僕は香水について少しだけ詳しいのですけど、好きなシンガーソングライターのステージから漂ってきた香水の銘柄はわかります。ステキでクラクラしちゃいました。合理的にいくとDVDですが、コンサートの身体体験は素晴らしいものです。ただそれも、コア19の通り、「限りあるもの」なんですね。

第6章

文化

［Culture］

・そもそも文化とは
・比較文化
・西洋文化
・日本文化
・異文化理解
・未開文化

コア 31

【そもそも文化とは】

文化と文明の違い、わかりますか？

「文化」は、入試出題頻度が近代と並んでめちゃめちゃ高いですし、なじみのあるテーマという印象もありますね。しかし、文化とは何か、一言で説明してくださいと言われたら、わかってそうなのに「ええと、なんか、大事な分野……かな」なんて、言葉がごにょごにょなりそうでもあります。文明とは何が違うんですかと聞かれたら、もうたいへんです。

まず、「**文明**」とは、**世界的なルール**のことです。**いつどこでも、そりゃそうだと納得されるのが文明です**。例えば、生命は大切だ！という社会は文明社会ですよね。

それに対して、「**文化**」とは、**ローカルなマナー**のことです。ローカルというのは、「地域ごと」「時代ごと」ぐらいの意味です。マナーは「お約束」ぐらいの意味だと思ってください。

つまり、**文化を一言で説明しますと、「地域や時代ごとのお約束」なんですね**。法律ではなく、お約束つまりマナーに過ぎないと言えばそこまでですので、根拠なんてないわけです。科学的証拠も出せません。

さらに、お約束も、「地域ごと」であり「時代ごと」なので、地域や時代が違えば通じません。ですので、**文化っていうのは、違いはありますが、どの文化が良くてどの文化が悪いなんてことは、決められない**わりです。

そして、文化は「なんか、大事な分野かな」とのイメージがあるように、バカにできないといいますか、一目置かれて、別枠で高いステージにいる感じがして、社会で重みを持ちま

入試での出題例

・2019年 国際教養大（B日程）
・2017年 早大（法）
・2015年 青山学院大（総合文化政策）

関連重要語句

□文化
人間が精神の働きによって作り出した、有形無形のものすべて。

□文明
文化とほぼ同義。過去の人類学では、「未開社会」に対して、複雑で高度な社会の文化を指して使われる場合が多い。今日では、技術による物質的なものを文明、精神的な価値に関わるものを文化とする傾向がある。

□コスモロジー
宇宙の起源や構造についての理論の総称。自然科学的なものだけでなく、神話的・哲学的な宇宙観・世界観も含む。

□神話
人々の間に伝えられてきた神を巡る物語。転じて、個人の思考や行動を左右する固定観念などを表す場合もある。

す。「時代ごと」じゃなくて、時を超えて続いてる文化は伝統文化と呼ばれまして、もっと重みがありますよね。その重みが最もわかるのは、**人間の精神は所属している文化が作る**ということです。精神を作ってるのは文化なんですね。

例えば、京都出身者がいるとします。彼の精神は京都文化が作ってるわけです。言葉が柔らかく、人当たりもマイルドで、ちょっと上品な感じ。でも隠されたプライドが高くて、よく見たら目があんまり笑ってない……。なかなか評価の分かれる人かもしれませんが、文化ですので良い悪いは決められません。洛中にいるかぎり、その地域のマナーはバッチシです。

とはいえ、**困るのは、所属文化に精神を作られて、それを基準にしか異文化を見られなくなることです**。彼が古都を基準にして他の社会を見て、「アレはしょせん成り上がり」なんて見るのはダメなわけです。

このように、文化をテーマにした現代文に対応できるようにするためにも、文化と文明の話と、文化が精神を作る話は要注意ですね。

そもそも文化とはのコア

□恣意性《しい》

19～20世紀スイスの言語学者・ソシュールの用語。言語が指し示すもの（シニフィエ）とそれを示す言語記号（シニフィアン）の間に必然的な結びつきがなく、勝手に決定されていること。

参 例えば、日本語で「みかん」と呼ばれるものが、他の言語では別の呼び方をされていることから、言語の恣意性がうかがえる。

【そもそも文化とは】こぼれ話

文化人類学者の祖父江孝男先生が『出身県でわかる人柄の本』というのを書かれています。文化がわかりやすそうところなので京都を読むと、「じぶんのスタイルを守り、出世欲はない」「吉田兼好以来の田舎蔑視」「誉め言葉は誉めてない」など、鋭くて厳しい評価が書かれていました。

皆さんは、ごじぶんの県民性をどう思われますでしょうか。

コア 32

【比較文化】結局、日本文化と西洋文化を比べてしまいがち

入試での出題例

・2019年 大阪府立大(前期)
・2019年 早大(スポーツ科)
・2017年 学習院大(国際社会科)

西洋文化と日本文化を比べてみますと、大きな違いがあります。

もちろん文化ですので、どちらが上でどちらが下なんてことはありませんが、違いに注目するのはおもしろいものですし、**人間はじぶん(や所属してる文化)を分析されると、興味深く感じるところがあるようです**。

まず、**西洋文化では、じぶん以外は他人という考えが根っこにあります**。ですから、英語でもSVOOのように、他人にわかるように全部しゃべる(書く)ことになります。

それに対して、**日本文化では、じぶんも他人も基本的に仲間というか、だいたいわかり合えるという考えが根っこにあります**。

ですから、いちいち「私はネギを買いにスーパーへ行きます」というふうに全部しゃべることはなくて、「ちょっとスーパーまで」とか、もっと日本文化ふうだと「ちょっとそこまで」なんて言いますよね。だいたいわかり合えるからです。

この「違い」をテーマにした現代文は、昔からのあるある話題です。現代文では、何かを説明するとき、**比べて説明する**ことが多いのです。説明したいモノだけを見せていたらわかりにくいからです。

その中でも、一番ありがちなのが、このような**文化と文化の比較**なんです。

現代文では、日本文化を説明したいから、外国文化と比べます。外国文化と言っても、ほ

関連重要語句

□文化
▼88ページを参照

□西洋
中国から見て西の地域の呼称。インドシナ半島からインドあたりを指していたが、現代ではヨーロッパを指す。日本では、アメリカを含めたヨーロッパを西洋という。

↔

□東洋
中国から見て東の地域の呼称。時代によってその範囲は異なるが、近代では主に日本を指す。日本では、アジア全域を指して用いている。

□個人主義
個人の権利や自由を第一に考える主義。

□調和主義
個々の主体の信念が調和しあっていることをもって、それぞれの信念が正当化されるとする考え方。

んとうは外国もいろいろあります。

でも、皆さんもそうだと思いますが、外国というと、アメリカやヨーロッパ（これらを西洋と呼びます）がアタマに浮かぶのではないでしょうか。昔、同級生に〝帰国子女〟がいましたが、インドからの〝帰国子女〟でした。しかし、〝帰国子女〟と聞いて、クラス中がアメリカだと思ったぐらい、外国といえば西洋なんでしょうね。

現代文も同じです。**日本文化と西洋文化を比べるのが、一番のあるある話題なのです。**

ですが、ここでちょっと注意しておきましょう。**いまや「グローバリゼーション」の流れなのに、なんでもかんでも西洋文化を気にするのはどーなの？　という疑問が最近特に強まってます。**

ですので、現代文でも西洋文化じゃない文化との比較も増えてはいます。

そうなんですが、まず、**現代文で比較文化と言えば、日本文化と西洋文化の比較が最も多いテーマなんだ**と思っておきましょう。

比較文化のコア

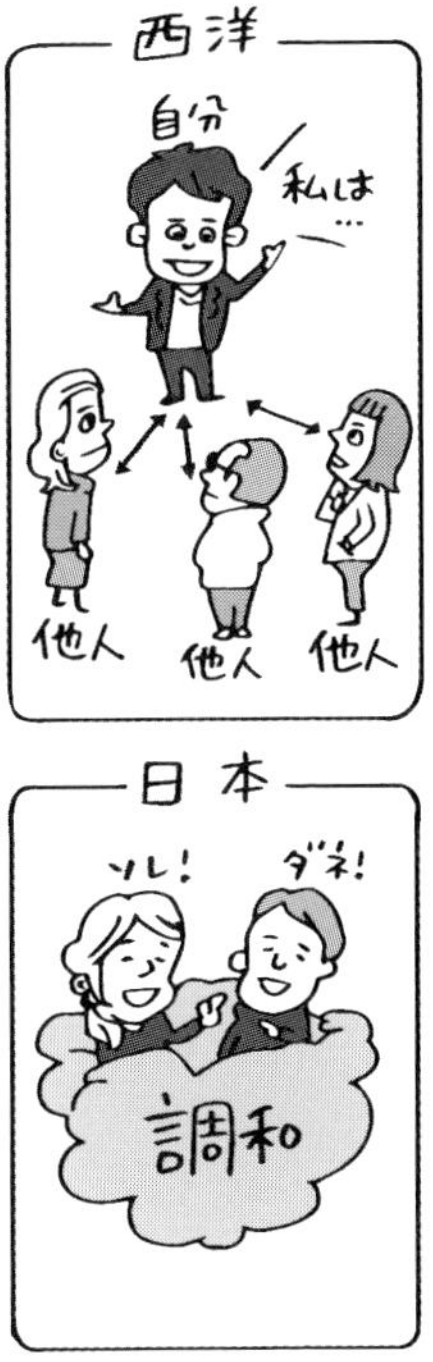

□**グローバリゼーション**
人間の活動が国や地域などの境界を越え、地球規模で行なわれるようになる流れ。情報通信技術が発展し、地球規模でのコミュニケーションが推進されたことで急速に進んだ。
＝グローバル化・地球規模化

【比較文化】こぼれ話

「最近どう？」「ぼちぼちかな」コレ、西洋文化なら、暗号なのか！と突っ込まれそう。仲間だから、暗号みたいな会話で済むのが日本文化のラクな点ですが、そのぶん、仲間じゃないと判断されたときの攻撃っぷりはひどいものです。暗号も、わからないものに変えられたりします。これを「排除の構造」なんて言います。西洋文化は、もともと仲間じゃなくて個人だから、日本とは違いますね。暗号もありませんし。

コア 33

【西洋文化】正しい他者と、神さまを通じてつながっている

入試での出題例

・2018年西南学院大(法)
・2017年岡山大(前期)
・2017年上智大(経済)

じぶんたちが正解なんだという、**傲慢《ごうまん》にも見える強い態度が西洋文化**です。

その強い西洋文化の中心には、**キリスト教**があります。

西洋人たちはキリスト教の神さまと通じている。正しいことをしていたら、神さまとつながっていられる。神さまが正解。こういったふうな**〝大切なものは一つだけ〟**とする考えを、**「一元論」**と呼びます。一つの根本的な原理が大切という考え方ですね。

ここでは、なあなあの〝引き分け的〟な発想はなくて、勝ちか負けか、一つの結論が好まれます。例えば、ニュースで見るアメリカの政治家の様子からもびんびんと伝わってきますよね。「われわれアメリカが正しい！　だから言うことを聞け！」

このように正解を重視するのを、**父性《ふせい》原理**と言います。

偏見だと思いますが、母はどんなおバカな子だとしてもわが身から産まれたじぶんの子だとして愛するのに対して、父は正しく立派な子を愛するということから、父性原理と呼ぶらしいです。

このように、〝愛や感情〟より〝正しい理性〟を重視するから、西洋文化は**理知的文化**と評価されます。

ですので、西洋文化は強いですし、「絶対正解はじぶんたちだ」という態度になりましたし、個人主義として成立しています。

これは、西洋がもともと狩猟《しゅりょう》民族だったからというのもあるでしょう。狩りをしてうまくいった個人が正解で強者なんですね。

関連重要語句

□**一元論**
哲学で、世界を一つの根本的な原理によって説明しようとする立場。17世紀オランダの哲学者・スピノザが主張した。
⇔多元論（▼94ページ参照）

□**父性《ふせい》原理**
20世紀日本の心理学者・河合隼雄《かわいはやお》が用いた語。子供に客観的なルールを提示し、自立を促進する機能のこと。転じて、西洋社会の価値観の基盤となっている心理を説明する際にも用いられる。

□**理知的文化**
感覚よりも、合理的な理性を重視する文化。

□**罪の文化**
19～20世紀アメリカの文化人類学者・ベネディクトが、著書『菊と刀』の中で、西欧人の行動様式を説明す

ところで、ここで改めて注意したいのが、西洋文化での**「個人主義」**です。

「個人主義」とは、じぶん勝手にふるまうことや、個性個性と言いつつ自己中心的な行為をすることではありません。

周りのおバカな奴らと無理して合わせなくても、神さまと正しいじぶんはつながっている。どこかにいるじぶんと同じような正しい他者（こちらも当然神さまとつながっている）と、神さまを通じてつながっている。じぶんの考えを言って、周りに「ナニ、コイツ」と思われても、正しいことをしてたら神さまは認めてくださる。その神さまとつながってる世界中のほんとうの仲間がじぶんを認めてくれる。だから、周りのおバカな奴らの顔色なんて見ないわけです。

つまり、**西洋文化の個人主義は、社会文化の中で孤立していません**。むしろ、**正しい他者と神さまをあいだにおいてつながっている自信があるから、個人主義としてビシッとしているわけです**。

やはり西洋文化でのキリスト教の存在感はすごいものがあるんですね。

西洋文化のコア

るために使った用語。罪の意識から善行や告白を行うなど、道徳的基準が強く内面化された文化をいう。
↕恥の文化（▼95ページ参照）

□大陸文化
ヨーロッパなどの国境で区切られただけの国家における、絶えず自己主張して、自己を確立したがる文化。

□騎馬民族
ユーラシア大陸内陸部を中心とした地域で、騎馬戦術を用いて土地を略奪・征服した民族の総称。スキタイや匈奴《きょうど》などがいる。

【西洋文化】こぼれ話

西洋文化は、じぶんの正解を自然環境にも押し付け、「人間に対抗してくる自然は正しくない!」と、徹底的に人工に変えまくりました。その結果、深刻な環境破壊・環境汚染が発生しましたが、西洋文化は加害者の自覚もありますから、環境保護への取り組みに意欲的なのです。

コア 34

【日本文化】勝ち負けをはっきりさせないのが好まれる

入試での出題例
・2018年 金沢工業大（建築）
・2018年 福島人（前期）
・2016年 駒澤人（法）

日本では、八百万《やおよろず》の神なんて言いまして、**あちこちに神さまがいて、それぞれ大切なのです**。山の神さま、海の神さまなど。

こういったふうに**〝大切なものがいっぱいある〟**という考えを、**「多元論」**と呼びます。

そんなことしてたら、バラバラになっちゃいそうですが、日本が島国で、鎖国までやって、外に開くドアがなかったから成立してたのです。内部のメンバーは不動です。

しかも、**農耕民族**でしたから、皆で農作業するには、できるだけ波風立てずに仲良くしておきたいものです。そのほうが暮らしやすいからです。

ですので、勝ちか負けか、正しいかどうかをはっきり決めちゃうより、なあなあの〝引き分け〟的な発想が好まれますね。

例えば、ニュースで見る日本の政治家の様子からも伝わってきますよね。「この件は遺憾です」誰がどう遺憾？　はっきりしません。と言いますか、遺憾って何？

このように、あまりじぶんの考えは強調しないほうがイイって判断があります。みんな親しくして、和を重視するのを、**母性《せい》原理**と言います。

母は、デキる子もちょっとおバカな子も、みんなわが身から産まれたじぶんの子だとして同じように愛するということらしいです。

〝理性や正義〟よりも、〝愛や感情〟を重視するから、日本文化は**感覚的文化**と評価されます。

感覚的な文化はイイのですが、**じぶんの考えを強調しないと、のちのちトラブルになる可能性があります**。

関連重要語句

□**多元論**
世界の根拠ないし実体を二種以上の実体に還元して考える哲学上の立場。転じて、多様性を肯定するという立場の意味でも用いられる。
↕一元論（▼92ページ参照）

□**農耕民族**
稲作などの農業活動により生活の主体を形成している民族。アジアなどのモンスーン気候の地方に多く見られる。

□**母《ぼ》性《せい》原理**
20世紀日本の心理学者・河合《かわい》隼雄《はやお》が用いた語。子供を温かく受け容れることで愛着関係を形成し、子供の精神的安定の基盤となる機能のこと。転じて、日本社会の価値観の基盤となっている心理を説明する際にも用いられる。

□**感覚的文化**

例えば、押し売りが来てドア開けちゃったと。「これ買うてや、ええ品やで」と言われ、「結構ですねえ」なんて曖昧な答えをしたら、ぼったくり価格で買わされたと。押し売りに対しては、「不必要です！」と強調しなければなりませんね。

押し売りではありませんが、日本が鎖国をやめて文明開化しようとしたとき、つまりドアを開けたとき、西洋文化が「コレ買ウテヤ、エエ品ヤデ」と言いながら入ってきました。それに対して、ほんとうにウチに必要なのかどうか検討をせず、今まであったモノと一緒に、とりあえず並べました。これまた多元論ですね。でも、必要なのかどうか検討しなかったせいで、のちにトラブルが起きています。

西洋文化の「思想」つまり〝形而上《けいじじょう》〟を理解せずに、「物体」つまり〝形而下《けいじか》〟だけを受け容れました。

思想があるから物体を作るのが本来の姿です。**思想がないのに物体だけもらっても、うまくいかなくなります。**ココのトラブルについての話は、現代文でよく見かけますね。

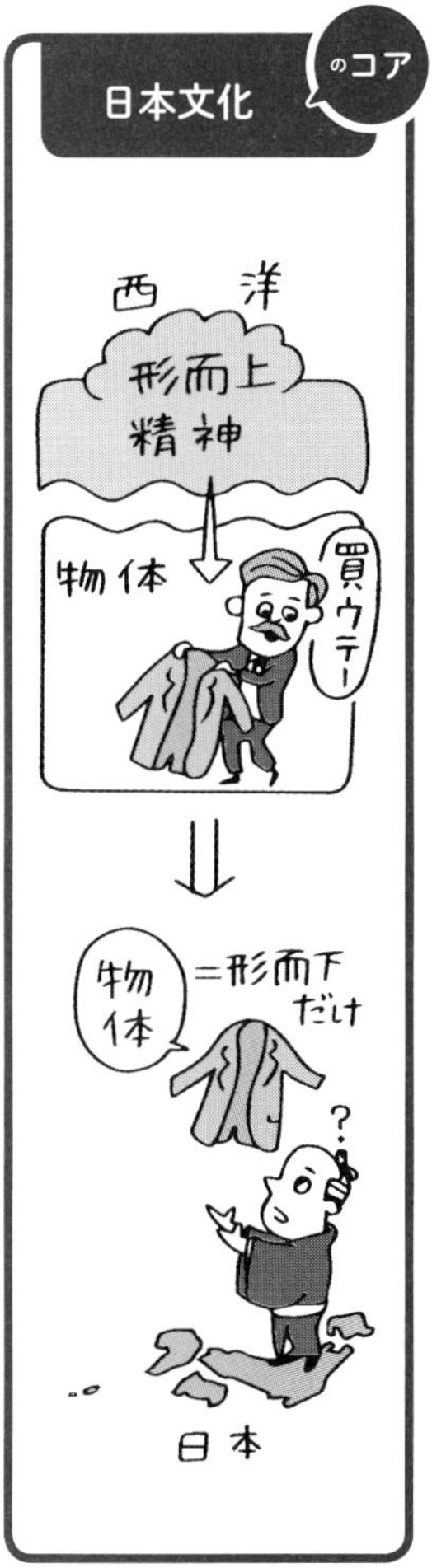

合理的な理性よりも、感覚や直感的な感情を重視する文化。

□**恥の文化**
19～20世紀アメリカの文化人類学者・ベネディクトが著書『菊と刀』の中で日本人特有の文化体系を説明するために使った用語。他者からの視線と自己の体面を重視する文化をいう。
↕罪の文化（▼92ページ参照）

□**島国文化**
閉鎖的社会であるため、自己主張を控え、和を大切にする文化。

【日本文化】こぼれ話

俳句は、日本文化です。五七五のたった17文字だけで、なぜ表現できるのかといえば、みんな仲間なので、17文字をチラッと見せたら通じるからでしょう。異なる文化の西洋が、五七五をマネして俳句をやっても、うまくいかない気がします。ココも、形而上《けいじじょう》と形而下《けいじか》のお話ですね。

コア 35

【異文化理解】「異」文化は理解しがたいもの

入試での出題例

・2020年 立教大(経済)
・2019年 中央大(法)
・2019年 東京経済大(現代法)

現代文では、**異文化**をテーマにしたものがあります。

いまや、街を歩けば異文化パーソンはふつうに見かけますし、仕事や旅で異文化に行くこともあるでしょうから、異文化についての話があるわけですね。

とはいえ、あまりにも現実的過ぎると旅行ガイドブックになってしまいますので、異文化の本質とか精神を説明することになるようです。

本質とか精神なんていうムツカシイ話をわかりやすくするために、**同じものに対する反応の違い**で説明することが多いのです。

例えば、相撲を見たときの反応の違いです。

日本文化なら、横綱には一目置きますし、高額なチケットを買って観戦しに行くのも価値ある体験だと思われます。しかし、異文化パーソンはこの相撲を、肉の多い男がハダカに近い格好で立ったり座ったりしたあげく、汗かいてぶつかって、こかされた、突き飛ばされた……なんて見るかもしれません。

このように、**じぶんと異なる文化は理解しにくい**というテーマなのですね。

別の異文化パーソンなら、相撲はヨクワカラナイけど、これが日本文化の伝統ナンデスネ……と、理解（したふり）をしてくれるかもしれません。しかし、これも、ほんとうに日本文化を自然に理解してくれたかというとアヤシいものです。

これは、僕たちが異文化について、自然に理解できないことが多いのと同じです。

精神とは、所属している文化のなかで作られていきますから、**文化が異なると精神も異なる**というわけです。

関連重要語句

□**自文化中心主義**
じぶんの文化を基準にして、異文化を低く見たり、批判的に見たりする態度のこと。
＝エスノセントリズム

↔

□**文化相対主義**
諸文化をそれぞれ独自の価値体系をもつ対等な存在としてとらえる中立的な態度・研究方法のこと。

□**ニュートラル**
いずれにも片寄らないさま。中立的。中間的。

□**クレオール**
西インド諸島・中南米などで生まれ育ったスペイン人、フランス人などのヨーロッパ人のこと。西インド諸島・中南米における、スペインやフランスの影響を受けた混交的な文化や言語についても用いられる。
＝クリオール

唯一、異文化に似たものがあれば、それを活用して理解に近付けることは可能かもしれません。またまた相撲ですが、モンゴル文化にはモンゴル相撲がありますから、ある程度は理解してもらえそうですし、西洋文化には「古代ギリシャのパンクラチオンの日本版」と言えば、理解してもらえるかもしれません。

ただ、それだって結局は、**じぶんの文化の枠から出てくるわけではありません**よね。

異文化であろうと同じ人間なんだから頑張って理解し合うべきじゃないか！　というのはその通りです。ただ、その意見は**一般論**です。現代文は一般論とは違う話をするのですね。「じぶんの文化だけが最高、他の文化は劣ってる！」と硬くなってたら異文化理解なんて到底ムリなので、それぞれの文化にはそれぞれの正解があるんだという「**文化相対主義**」が結論みたいに、一応なっています。

しかし、やはり「**自文化中心主義**」も根強いものがあり、**現代文では、異文化理解は一筋縄ではいかないというのが前提なのですね。**

異文化理解のコア

□周縁
もののまわり。ふち。都市の中心に高位の社会階層が位置し、中心から遠い周縁に下位の社会階層が位置する構造を説明する際や、社会システムにおける資本や権力の偏在《へんざい》を表す際に使われる。

□エキゾチシズム
異国趣味。異国情緒。

【異文化理解】こぼれ話

例に挙げた「モンゴル相撲」という呼び名も自文化中心主義のあらわれではないでしょうか。日本文化では「日本相撲」とわざわざ言いませんよね。まず、日本の相撲があって、それとは異なるからモンゴル相撲と呼ぶのですね。

さて、「エスノセントリズム」という用語をつくったのは、アメリカの社会学者です。いかにもアメリカ文化の発想ですね。ふと、じぶんたちが異文化を見るときの態度に気が付いたのでしょうか。

コア 36

【未開文化】西洋と違っているからこそ、興味津々

入試での出題例

・2019年 日本女子大(家政)
・2019年 北大(前期)
・2017年 亜細亜大(法)

じぶんたちが正解なんだという、強い態度が西洋文化です。そして、なあなあの〝引き分け的〟な発想はなくて、勝ちか負けか、一つの結論が好まれますね。

そのような西洋文化が、西洋じゃない文化に、実は興味を持っていることがあります。じぶんたちのほうが優れていると思ってるハズなのに、**異文化でも、西洋文化と違えば違うほど興味がある**ようです。

このような、異文化への関心や好奇心を「**エキゾチシズム**」と言います。訳すと、「異国趣味」ですね。

この異国の中でも、特に東洋や中近東への異国趣味を「**オリエンタリズム**」と呼びます。合理主義の西洋文化から見ますと、東洋や中近東は非合理なにおいがぷんぷんして、興味がわきます。

もちろん、じぶんたち西洋文化を上だと思っているんですよ。しかし、じぶんたちができないことを堂々とやれる異文化に、神秘を感じたり、ちょっと惹《ひ》かれたりするわけです。

『ラストサムライ』という世界的に大ヒットした映画がありました。ハリウッドが真剣に〝武士道〟を描いた作品です。外国の軍人が、明治維新後に居場所をなくしていくサムライに次第に共鳴し、サムライを全滅させようとする明治新政府の近代的軍隊と戦い……という感動大作です。まさに、西洋文化のオリエンタリズムだと感じました。負けるとわかってる……もうじぶんたちの居場所がないのもわかってる……でも、じぶんたちのサムライとしての精神を否定しきる権利が明治新政府にあるのか。戦って桜のように散るわけです。

関連重要語句

□**オリエンタリズム**
西洋に無いものにあこがれる芸術的嗜好《しこう》。東洋趣味。
参 20世紀アメリカの文学者・サイードが同名の著書を1978年に発表して以降は、東洋に受動性・肉体性・官能性といったイメージを異国情緒と共に付与することで、西洋の優位性を示そうとする思想を指すようになった。

□**マージナル**
周辺・境界にあるさま。また、限界であるさま。

□**エスニシティ**
独自の文化的アイデンティティを共有する人々の集団の特徴。または、その集団自体を指す語。

□**禁忌**
触れることを禁じられている物事や禁制。タブー。

西洋文化の合理主義からしたら、ナシでしょう。でも、惹かれる神秘なわけですね。
ところが、イイ話ばかりではありません。東洋や中近東を、完全に劣等キャラクターとして描く作品も少なくありません。

西洋が世界の中心なのだとしたら、東洋や中近東は**「マージナル」**と位置付けられます。独特の文化伝統を持っていまして、独特の意識があります。コレを**「エスニシティ」**と呼びまして、サムライなんだ！　というのもコレですよね。

サムライならわかりやすいですが、世界にはたくさんのマージナルそしてエスニシティがあります。その現地に実際に行き、文化調査をすることを**「フィールドワーク」**と言い、その成果をまとめたのを**「文化人類学」**と言います。

ただし、**精神は所属している文化に作られ、それを基準にしか異文化を見られないという問題点がありました**よね。

そのため**現代文では、文化人類学の困難さを語ることが多い**のです。

未開文化のコア

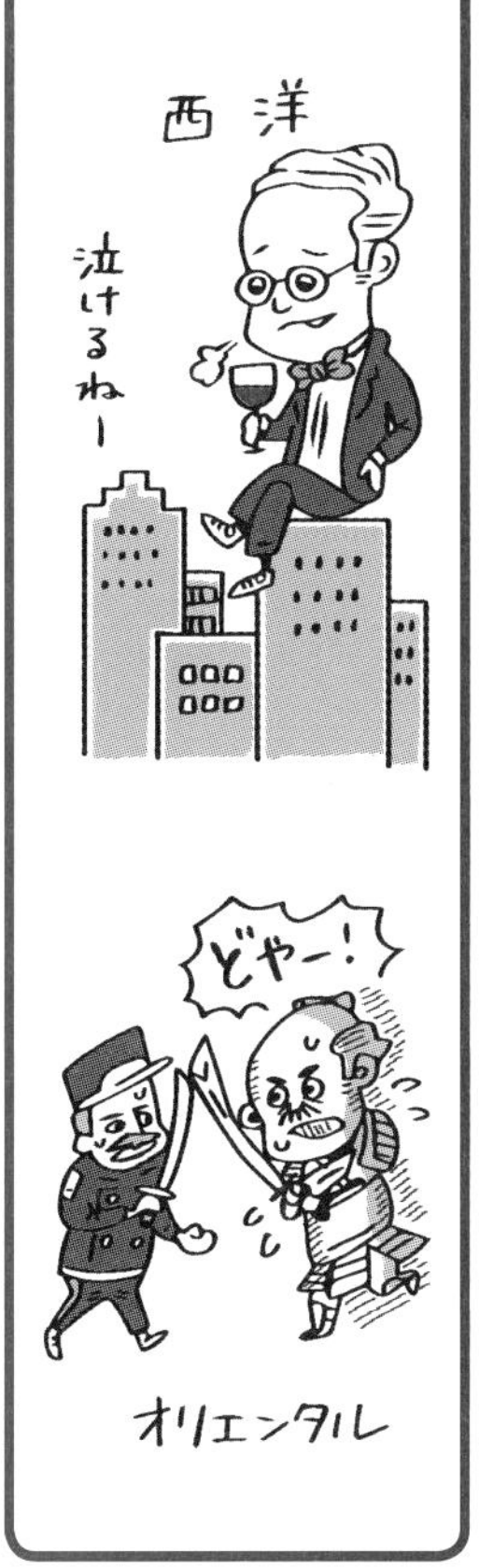

□民俗学
民間伝承による文化遺産を研究し、民俗文化を明らかにする学問。

□文化人類学
さまざまな民族の文化や社会を比較研究する学問分野。アメリカでは人類学としばしば同義に用いられ、ヨーロッパでは民族学・社会人類学と呼ばれる。

【未開文化】こぼれ話

アメリカの文化人類学者ルース・ベネディクトが、日本について『菊と刀』という本を出しました。その中で日本文化は「恥の文化」だと述べられています。世間から見て恥ずかしいかどうかを考える文化だそうです。西洋は「罪の文化」で、神とのつながりの中で、じぶんはまだまだと考えます。恥の文化の悪い面は、世間にバレなければ恥ずかしくないから、ナニをしてもセーフだという面です。それはイヤですね。

入試問題チェック　2019年北大（前期）

檜垣立哉『食べることの哲学』より

誰もが普段気づいていないことであるが、食べものというのは、ほとんどが「生きたもの」である。このいい方はいささかオブラートにくるんだものであり、実際には塩分やミネラルなどをのぞき、われわれは何かを殺して食べているのである。

とはいえ、よくおわかりのように、とりわけ近代社会においてはみだりに生き物を殺すことを推奨する文化はほぼ存在しない。一方では生きているものを殺してはダメだというのは**文化**の基本的な原則でもある。だが同時にわれわれは日々自分が生きるなかで、大量の動物や、あるいは植物を、やはり殺して食べているのである。現代**文明**においてはまさに、みえないところでそうした殺戮《さつりく》はおこなわれる。これは端的に矛盾ではないか。

すがすがしいまでにこの矛盾を問い詰めるのは宮沢賢治である。宮沢は法華経というきわめて戦闘的な仏教的信仰を背景にもちながら、この問題を小説や童話という仕方で書きつづけた。人間は生き物を食べないと自分が死ぬ。しかし、自己の**倫理**に忠実であれば、そもそも自分が死ねばよいのではないか。宮沢の問いそのものはここにまで達してしまう。これは極限的な「食べない」に通じるものである。

そしてまたこの場合、「ここまでなら食べてよし」「これは食べてはいけない」という問いにむすびつくことも往々にしてある。これもまた**文化相対主義**が幅をきかせる議論のようにみえる。曰く、日本人は魚を生で食べるが、近年の「スシ」ブーム以前はそのようなことは世界のどこでもだいたい気持ち悪がられた。ムスリムはハラルフードという特定の規則にのっとった殺し方をした食材しか食べない。インドでは牛は聖なる生き物なので食べない、等々。だがこうした議論のそれぞれは、実際にはさして重要ではない。この議論には、あるゼロ点ともいうべき根底がある。それは「人間は人間を食べない」ということである。これは**カニバリズム**のタブーといわれる。カニバリズムの忌避は、本当に人類に共通なのかとい

重要語句の確認

□**文化**
⬇88ページ参照

□**文明**
⬇88ページ参照

□**倫理**
人として守り行うべき道。道徳。

□**文化相対主義**
⬇96ページ参照

□**カニバリズム**
人間が人間の肉を食べること。またはその習慣。

□**人類学**
⬇99ページ「文化人類学」参照

□**野蛮人**
⬇コア35・36参照

□**位相**
ある言葉を、どういう集団がどういう場面で使うかによって異なる言語の様相。

う議論があるが、これが「食の下限」を規定していることは事実であろう。そしてそれがゆえに、むしろ人間が人間を食べるということは、さまざまな**人類学**のなかの（西洋中心的な）**「野蛮人」**の表象のなかにみうけられることになる。この点については、社会学者である雑賀恵子が『エコ・ロゴス』（人文書院）という書物で大変啓発的な知見を提示してくれている。食べてよいものと食べてはいけないもの、これは通常は文化的なことと考えられるが、人間を食べることについてはきわめていりくんだ、薄暗い場面という状況にたちいたらなければならない。

食にかかわる矛盾にまつわる問題系は、もちろん文化間での「食べてよいもの」「よくないもの」の対立にも展開できる。私は毎年和歌山県の紀伊勝浦に学生と合宿にいくことを習慣としているが、その途中に太地町という本当に小さな町がある。この何ということのない田舎の町は、シーシェパードや、それと関連する反捕鯨運動の強烈な攻撃対象になったことで一躍脚光を浴びた。『ザ・コーヴ』という、この土地での伝統的なイルカ漁を批判する映画はきわめて政治色の強いものであるが、その映像的価値は、興味深いことに攻撃されている太地町のひとのあいだでも認められている部分がある。

こうした運動をどう考えるのか。人間同士の利害がおそらくいちばん対立する**位相**はこういう場面であるだろう。人間と食をめぐる事態は、確かにさまざまな禁止とそのせめぎあいのなかにある。

ここまでのはなしだとだいぶ陰鬱な印象をうけるかもしれない。確かにそうなのだが、一面こうしたタブーや暗さのうえに人間の味覚がある。それは残酷さをひきうけたかぎりでの、ある種の味覚の洗練なのかもしれない。

問　傍線部「文化相対主義が幅をきかせる」とは、どのようなことか。六〇字以内で説明せよ。

注目ポイント

文章のはじめに「誰もが普段気づいていないことであるが」と書いてありますね。ここにピンときてください。

この書き出しですと、世間一般とは違うことを筆者が書いていくスタイルですよね。僕たちは世間一般サイドですので、読んだときの第一印象があまり良くなかったり、"……で？"という感想になることもあり得ます。

それを避けるには、ズバリ設問でしょう。設問に答えて正解したら、得点です。設問の答え（や、そのヒント）を探すために文章を読んでいくんだ！　と割り切ったほうが、うまくいくわけですよね。

解説

ふだんは意識していないことですが、人間は生き物を殺して食べているのですね。としますと、食べることには、ちゃんとした考えがあるべきでしょう。ここまでは食べていい、これは食べてはいけないと、ちゃんと決めていますよね。どの文化だって、考えて結論を出していますが、文化である以上は結論がそれぞれ違ってきますよね。で、どれも間違ってはいなくて、〝それぞれ正解だ〟という文化相対主義でやっているわけです。

とは言っても、どうしても〝それぞれ正解だ〟と割り切れず、文化と文化の対立が発生してしまいます。この対立は、最終的な答えは出ないところでしょうね。

解答

食べていいのか食べてはいけないのかの基準は民族や宗教によって異なるものだという考え方が、強い勢力であること。（54字）

傍線部は「文化相対主義が幅をきかせる」です。傍線部の前に「これも」と書いてあります。指示語ですので、前をまとめるサインです。傍線部の前の話を押さえてみますと、「『ここまでなら食べてよし』『これは食べてはいけない』という問い」のことだとわかりますね。

そして、傍線部の後ろには、「曰く」と書いてあります。「曰く」っていうのは、「実は」とか、「みんなが言ってることには」ぐらいの意味ですので、みんなが知ってそうな実例がでてきます。その実例が、日本人の魚とムスリムとインドの牛でしょう。食べることには民族や宗教によって違いがあるとのことです。これらが傍線部をわかりやすくした話です。

さらに、傍線部の「幅をきかせる」とは、「いばる」とか「勢力が強い」ぐらいの意味です。ですので、「何を食べていいか悪いかは民族や宗教で違いがある」のが「勢力が強い」としましょう。

もうひとつ、チェック

「勢力が強い」ってことは、一般論ですよね。ということは、筆者はこのあとじぶんの意見を出してくるのだろうと予測できてるとさらにイイですよね。

さて、文中に「カニバリズム」が出てきました。アカデミー賞主要5部門を独占した『羊たちの沈黙』という映画でも大きなテーマにされていました。すごいです。第4章「芸術」でのお話の通り、ドカンと形にされていますので。大学生になられたら、芸術体験をいっぱいしてみるのはイイですよ。

第7章

言語

[Language]

・そもそも言語とは
・価値を作る神
・分節
・虚構性
・映像との比較
・貨幣との比較

コア
37

【そもそも言語とは】
人間と切り離すことのできない、不思議なもの

入試での出題例
・2020年 学習院大（経済）
・2019年 京都産業大（法）
・2018年 上智大（法）

言葉は、道具でした。

道具の進化と言葉の進化について考えてみましょう。

人間は縄文時代以前から石の道具を使ってました。生物的に言うと、物を掴《つか》めるのは人間の特徴です。ですので、道具を使えるわけです。人間にやりたいことが増えるにつれて、道具が進化しました。

さらに進みますと、道具が人間の能力範囲を超えていきます。

例えば、料理のとき、はじめは手が道具だったのが、包丁を使うようになり、レンジや圧力釜など、人間にはできないすごいレベルになってきましたね。

言葉もそうです。一緒に何かをするときには合図やコミュニケーションが必要です。その道具として言葉があるんです。

最初は、**物体を示すために言葉がありました**。そのうち、知っている物体が増え、そのぶん言葉も増えました。

それが進みました。**物体がなくても言葉は増えていきました**。

このあとコア38で詳しくお話ししますが、幸せや自由など、物体がないのに言葉は存在します。もともとは「モノが先にあって、言葉がひっつく」のでしたが、「言葉が先にあって、モノ（イメージ）が生まれてくる」というように変わりました。

このあたりから、「言葉は道具」なんてシンプルには言えなくなったのです。

いまズバリとまとめたら、**「言葉は、不思議なもの」**です。

ですから、現代文のテーマの中でもムツカシイとされています。

関連重要語句

□**記号**
社会習慣的な約束によって、一定の内容を表すために用いられる文字や符号などの総称。
参 言語もその一つであり、交通信号などから、象徴的なものまでを含む。
＝コード

□**言説**
単語や文ではなく、文の集合体を言語単位として見る言語学の概念。
参 20世紀フランスの哲学者・フーコーは、言説は認識の基盤を形成することにより、何が真理であるかを認定するため、政治的・制度的な権力作用と結びつくと説明した。
＝ディスクール

□**言霊**《ことだま》
言葉に宿る霊力。古代の日本では言霊への信仰があり、和歌などにも表れている。

「言葉の数は世界を見る窓の数である」という教えがあります。**言葉を知っていればいるほど、世界が見えてくる**ということなのでしょう。

例えば、幸せという言葉を知っているから、幸せが見えて、幸せになりたいわけです。しかし、幸せという言葉を知ったから不幸なじぶんに涙することにもなってしまうんです。

さらに、言葉が不思議なのは、**活字ではまるっきり同じなのに、全く違う意味、下手したら真逆の意味になったりする**ことです。「このラーメン、ヤバい」とは、どちらでしょう。「やみつきになるくらいおいしい」のか、「腐ってて食中毒まっしぐら」なのか、活字ではわかりません。このとき、しゃべり方や雰囲気など、**言葉じゃない要素が必要になりますよね**。

このように、言葉は人間とからみます。しかし、ふだん「言葉」について深く考えることは少ないです。ですので、現代文で語ることがたくさんあるんです。ムツカシイテーマだから、ガッチリとマスターしたら、かなり有利なんですね。

そもそも言語とはのコア

□ロゴス
言葉・概念・論理など、心の合理的・理性的な側面。

□パトス
情念。アリストテレス倫理学の用語。喜怒哀楽などの快楽・苦痛を伴う一時的な感情の状態を表す。

↔

□エートス
道徳、社会的風俗、民族精神。アリストテレス倫理学の用語。人間の持続的な心の状態。

【そもそも言語とは】こぼれ話

「皮肉はアタマが良くなきゃダメ」だそうです。活字では褒め言葉でも、バカにした真逆の意味なのが皮肉ですからね。アタマがあんまし良くない人に使っても通じません。有名な京言葉「ぶぶ漬け（お茶漬け）食べてっておくれやす」も、そのままぶぶ漬け食べてたらダメです。言葉は言葉だけでは理解できず、人間ごと理解しなきゃいけないわけですね。

コア
38

【価値を作る神】存在しない価値をも存在させることができる

入試での出題例

・2017年 慶大(法)
・2016年 宇都宮大(前期)
・2016年 日大(文理)

動物園に「人間」を展示したオリはありません。

人間だって、動物なんです。でも別です。別どころか、人間は動物とは違う（たぶん高めの）ステージにいるみたいな前提があるのではないでしょうか。

それは、人間が**「存在していない価値」を大切にする**からだそうです。例えば、優しさや自由。こういうのが、「存在していない価値」だと思ってください。**見えない、触ることができない、心の中にある価値**ってところですね。

人間を除いた動物、例えばカバが、エサに向かって駆けながら「……そう言えば、自由とはなんだろうか」とは考えてないでしょう。人間は考えているから、カバとは異なりますよと。

優しさや自由などの「存在していない価値」は、消しゴムや赤白帽などの「存在している価値」よりも、人間には大切な価値です。

でも、存在していない価値なんですから、そこらへんにはありません。

では、なぜ存在するのか。ずばり、**人間には「言葉」があるから**です。

私たちは小さなころから、親や周りの人たちから「言葉」を教わります。

はじめは物体です。「ほら、スプーンだよ」と。そしてだんだんと物体から離れていきます。

「お姉ちゃんでしょ！　優しくしなさい！」なんて。

スプーンは存在しますが、優しさは存在していません。優しさという言葉を知ったことで優しさという価値があると知るんです。優しさが（心の中に）存在してるんですね。

関連重要語句

□**専門用語**
日本語では、日常の言葉と別で、改めて知らなければならない言葉。
＝テクニカルターム・術語

□**日常語**
日常会話で用いる言葉。普段の生活の中で使われる言葉づかい。

□**形而上**《けいじじょう》
具体的な形として感覚で捉えられず、理論や思考を通じて捉える観念的なもの。

□**形而下**《けいじか》
はっきりした形があり、目や耳や手によってその存在を認識できるもの。

□**国語**
国家により公に認められた言語。
参 教科の「国語科」の意で使われたり、漢語や外来語に対する「和語」と同様の意味で使われたりすることもある。

まとめますと、**言葉が、もともとは「存在しない価値」を存在することにしちゃいました。**で、**人間が成長するにつれて、それらがいっぱい人間に刷り込まれていく。**そして、**言葉が人間の中味になっていく。**こういうわけですね。

ですので、現代文では、言葉を**「価値を作る神」**なんてムツカシク呼ぶのですね。僕たちの中味は言葉で出来上がってますから、神に操られている感じなのでしょう。

第4章の「芸術」で、天才芸術家の精神（形なし＝形而上《けいじじょう》）を芸術作品（形＝形而下《けいじか》）にするんですよ、とマスターしてもらいました。

第5章の「哲学」では、その形而上と形而下というのを、ガッチリとマスターしてもらいました。さっきのスプーン（形）から優しさ（形なし）への話も同じですよね。

言葉にも、優しさ・自由などの形而上のものと、消しゴム・赤白帽・時計などの形而下のものがあり、人間社会では精神的な価値が重視されます。**やはり形而上が、上のステージにいるとされる**わけですね。

価値を作る神のコア

□母語
幼児期に周囲の会話を聞いて自然に覚えた言語。
参 社会的な条件によっては、母語が母国語と一致しないことも少なくない。

□超越者
神学における絶対的な存在としての神。
参 20世紀ドイツの哲学者・ヤスパースや、20世紀フランスの哲学者・サルトルの実存主義哲学では、人間が自己のあり方をみずから選択・決定することを〈超越〉と呼ぶ。

【価値を作る神】こぼれ話
東京に、自由が丘という高級住宅地があります。もともとは、衾村とか谷畑と呼ばれていた地域が改名したのです。自由が丘という名前、つまり言葉がイメージでステキな価値を作りまして、現実に高級なステキタウンになっていったわけです。

コア 39

【分節】言葉によって分けられ、価値が作られる

入試での出題例

・2020年 上智人（文）
・2019年 日大（生物資源科）
・2019年 法政人（スポーツ健康）

世の中には、イケメンと言われる人がいます。僕はイケメンと呼ばれた経験は皆無《かいむ》です。アヤシイとか胡散臭《うさんくさ》いとか言われます。アヤシイはともかく、胡散臭いとは、胡散の臭いがするということでしょうが、胡散とは古代語で高貴なとか教養溢《あふ》れるという意味かもしれませんね。悪くないですね。見た目（形而下《けいじか》）よりも、精神（形而上《けいじじょう》）が大切ですから。

……って、バカな話はこれぐらいにして、世間には「イケメン」という言葉があり、イケメンという人がいます。

兵頭とイケメンとは、何が異なるのでしょうか。比べたら、眼の数は2個で同じでした。鼻の穴も同数。耳の数もです。もうやめときますが、そういうレベルでの違いはありませんよね。

これも、言葉の話になります。言葉という**「価値を作る神」**が、イケメンを作るのです。いつからか知りませんけど、イケメンという言葉があることで、イケメンが存在することになりました。世界中にワラワラと存在する男の中にイケメンがいることになったわけです。「ハイ！　この3人はイケメン！　そっちの16人（兵頭も含まれてます）はイケメンじゃありませんッ！」と分けて見られるようになりました。イケメンは価値です。もともとワラワラといた男の群れにロープが張られて、イケメンとイケメンじゃないのを分けちゃいました。

このロープで分けちゃうのを、現代文では**「分節」**と呼びまして、神である言葉の力だとして語られるのです。

よく見かける話も付け足します。虹です。7色の虹なんて言われますから、虹は7色なの

関連重要語句

□概念
多くの観念の中から共通する要素をぬき出して総合した、普遍《ふへん》的な意識内容。

□観念
じぶんの経験などから作られた、ある物事に対する主観的な考え。
参 もうこれまでだと、あきらめたり覚悟したりする意味で使うこともある。

□アナロジー
類推、類比、比論。事物を他の事物との類似に基づいて推しはかること。
参 なお、アナロジーは類推する思考を伴う点で、事物の表現方法であるメタファー（▼111ページ「隠喩《いんゆ》」参照）とは区別される。

□先入観
人間が特定の対象に実際に接する前に、メディアや他者の言葉などから

でしょうが、本当に見分けられますか。僕にはムリなので、ちょっと専門的な本で調べたら「日本では、赤・橙・黄・緑・青・藍・紫の7色」だそうです。「日本では」ってナニよと思ったら、国ごとに違い、「アメリカでは虹は6色、ドイツでは5色」だそうです。このあたりは、第6章の「文化」で「同じものを見ても、文化によって異なる」と、マスターしてもらいましたよね。

つまり、**もともとワラワラと混沌《こんとん》としている現実の世界に、「はい、すみませんね〜」と、言葉がある意味勝手にロープを張りまして、ここからこっちは価値ありなんてしてしまうわけです。**そして、そのロープは文化ごとに異なるんでしたね。

やはり**人間は、言葉によって「存在していない価値」を作り、大切な価値を作り出していく**わけです。分けられて、大切かそうでないかが決められる……と聞くとツライですが、例えば、TOEICのスコアで就職先や仕事内容が分けられる、なんてこともあるかもしれないように、僕たちにとって避けられないものなのですね。

分節のコア

知識を頼りに形成した、対象を評価する価値観。ネガティブな意味合いで使われることが多い。

□**虹**
レインボー。何色なのかが文化ごとに異なる例として使われやすい。

【分節】こぼれ話

言葉は、実は、そのつもりがなくても、使うごとに「分節」をしているのです。例えば、あの人は背が高いと言ったときには、背が低い人と無意識に分けているんです。言葉を使う人間が、分節しながら暮らしているということがわかります。

しかし、背が高い低いなんて、比較するメンバー次第で変わりますよね（これはコア19で〈真実〉〈事実〉の話がありました）。やはり、言葉はムツカシイし、絶対的な唯一正解は有り得ないのですね。

コア
40

【虚構性】言葉の持つ「虚構性」にはご注意を

入試での出題例
・2019年 千葉大(前期)
・2018年 学習院大(法)
・2017年 立正大(文)

江頭2:50さんの名言に、「生まれた時から目の見えない人に空の青さを伝えるとき、なんて言えばいいんだ」があります。ご本人はキャラクターイメージ維持のためか、「じぶんの発言ではない」とおっしゃっているようですが。

この名言は、言葉の本質をずばりと言い切っていますよね。

7色の虹の中の、青色と藍色《あい》はどれくらい違うのでしょうか。僕は紺色《こん》が好きで、愛車から鞄から服装まで紺色ですけど、青色、藍色と紺色は、何が違うのでしょうか。といいますか、そもそもなぜ青色と言うのでしょうか。

さらに、じぶんが、「今日は晴れて、青空だなあ」と思ったとしまして、その青は他の人のイメージする青と同じ色でしょうか。もっと言うと、晴れたと言っても、どこからが晴れなのかも人によって異なりますよね。

このように、**言葉は絶対的な唯一の正解が出せない**ので、**虚構性**《きょこう》があると言えます。虚構性は「ウソ」という意味ですから、よくないことですよね。しかし、言葉を使わなければ暮らしにくい以上、**言葉の虚構性を自覚して、なるべく正確に伝わるように気をつけて言葉を使わなければならない**のですね。

やはり、言葉は、ある意味勝手に**「存在していない価値」**を作り出していくわけですね。

男子と女子の御食事会（合コンとも言います）を計画してる女子A子に、「イケメン3人揃えてきてよ！　あたしもすっごいカワイイ女子3人連れてくるから」なんて、男子が誘われました。気乗りしないけどイケメン友人3人揃えました。当日会場に行くと、すっごいカ

関連重要語句

□一義
たった一つだけの意味や解釈のこと。

□多義
同一の単語が複数の意味を持つこと。
参 例えば、「濃い」という多義語は「色が深い」「味が強い」「密度が高い」という複数の意味を持つ。

□レトリック
言葉を美しく効果的に表現する技術や技法、あるいはその研究。
＝修辞学・修辞法

□擬人法《ぎじん》
人間以外のものを人間に見立てて表現する修辞法。
参 「花が笑う」「風がささやく」のような表現。

□直喩《ちょくゆ》
比喩の一種。「〜のようだ」「あたかも」のような言葉を用いてたとえ、比喩だと明確にわかる表現方法。

ワイイ女子3人は見あたらず、A子がいちばんカワイくて（…中略…）でした。翌日問い詰めると、「えー、3人ともカワイイじゃん」とよそ見しながら答えるA子でした。仕方ありません。分節ロープの張り方（コア39参照）と、言葉の虚構性のせいですわ。

A子のように悪意はなくても、言葉はある意味勝手に価値を作り出すものです。もともと「ことば」とは、「こと」がらの「はし」という意味でした。ことがらのはしっこ以外は勝手にイメージで補っているから成立しているわけです。人々がそれぞれ勝手に使うために、言葉には虚構性がつきまといます。**現代文では、その虚構性ゆえに言語はムツカシイと語ることがあるのです**。

さらに、ムツカシイどころか、**言葉の「虚構性」の危険まで現代文では語られることもありますね**。コア38で、〝人間は、言葉が作り出す「存在しない価値」を大切にする〟とお話ししましたが、**その言葉がわざと虚構にされる怖さがある**わけです。

虚構性のコア

参「紅葉のような手」「彼女は路上の天使のようだった」のような表現。

□隠喩《いんゆ》
比喩の一種。暗喩。メタファー。「〜のようだ」「あたかも」のような言葉を用いずにたとえる表現方法。

参「時は金なり」「彼女は路上の天使だ」のような表現。

【虚構《きょこう》性】こぼれ話

「かたる」という単語は、漢字では別ですが、平仮名だと、①伝える②だますのふたつの意味があります。「弁護士をかたる男（②）」なら、その男は弁護士ではないですよね。しかし、①と②は、根っこは同じです。「昨日の事件の詳細をかたる（①）」と言っても、本当に全部正しく伝えられるわけではないからです。悪意はなくても、悪意があるときと同じ結果になるかもしれないんですよね。「物語」も、「ものをかたる」という意味ですしね。

コア 41

【映像との比較】

言葉と映像を比べてみると……

入試での出題例

・2017年 熊本大(前期)
・2017年 東洋大(国際)
・2016年 秋田大(前期)

現代文で、言葉の話が出るときに、「映像」と比較して語られることがあります。第6章「文化」のところでマスターしてもらった通り、何かを説明するときには、それをずっとしゃべるよりも、**何かと比較したらわかりやすく説明できる**ということです。

では、言葉と映像がどのように比較されるのか、3点にまとめてみましょう。

① **得意技によって比較する**

・言葉は、イメージ(＝概念＝形而上《けいじじょう》＝形なし＝精神)を示すのが得意で、頭を使います。
・映像は、インパクト(＝具体＝形而下《けいじか》＝形＝物体)を示すのが得意で、頭を使いません。

② **お客さん(客層)によって比較する**

・言葉は、頭を使わねばなりませんので、それなりのお客さんでないと困ります。
・映像は、頭を使わないので、お客さんは誰でもＯＫです。

③ **お客さんの感想によって比較する**

・言葉は、イメージですから、印象はお客さんそれぞれで、異なります。
・映像は、瞬間的なインパクトが強く、お客さんの印象はだいたい同じになります。

こういうわけで、言葉と映像は違いが大きいんですよね。ですから、小説(言葉で書いてありますね)がドラマ(映像ですね)化されると、愛読者から「イメージと違う!」とか、

関連重要語句

□**コンテクスト**
文章における前後の関係。文脈。
＝コンテキスト

□**物語性**
事実の羅列《られつ》ではなく、感情の起伏《きふく》を引き起こすストーリーがある性質。

□**瞬間性**
流れはなく、そのときだけのインパクトがあれば良いとする性質。

□**一様化**
様式や傾向などが、全部同じ様子になること。

↔

□**多様化**
様式や傾向などが、さまざまな種類に分かれること。

□**悪文**
あえて論理性や通念からずらすことによって、印象づける効果のある文。

「せっかくの原作が台無しだ！」とか、不評がわき起こります。

そりゃそうですね。読者が小説の言葉からイメージしていた主人公があります。配役を決めるプロデューサーがイメージする主人公があります。そこが、ピタリと重ならないので、主人公役の俳優（女優）がピタリと重ならないからですね。

小説の「この世のものとは思えない、絶世の美女」役を、実写版でやる女優さんは、気がかりでしょうね。どれだけキレイでも、「この世のものとは違う」美しさだというのですから、もう負け予感です。「カンタンに言葉を使わないでよ！」とお怒りになるかもしれません。

その通りです。**言葉は「存在しない価値」を作り出していきますから、虚構《きょこう》性があり、物語（ストーリー）ができあがります**。

そこが、強みであり、弱点でもあること。それを、**映像との比較でビシッと突いてくる現代文がある**わけです。正直に言いますと、映像よりも言葉が大事だと語るもののほうが多いですね。

映像との比較のコア

【映像との比較】こぼれ話

映像は便利です。頭を使わないので、ウケルんでしょう。そのせいで（だけとは言いませんが）想像力がガタ落ちになっていないか、オジサンは心配なわけです。「わかりやすけりゃそれでいいじゃん」ではなくて、言葉が身の回りにない環境で育った人間の「想像力」の欠如っぷりは、大人になってから「創造力」のなさとして、悲惨な結果をもたらすのかもしれません。「あの人は、新しいことをイメージして始めることが全くできない。使えませんねえ」と、ダメの烙印《らくいん》を押されてしまいかねません。この本と現代文で、言葉をいっぱい体験しましょう！

入試の現代文、効果絶大ですよっ！

コア
42

【貨幣との比較】言葉と貨幣の意外な共通点とは……

現代文で、言葉の話が出るときに、「貨幣《かへい》」と比較して語ることがあります。

比較とはいえ「こんなに違うんですよ」ではなく、**似ているもので、理解倍増をネラって説明してくれる**んです。

現代文の元本《モトホン》の著者は、研究者が多くて、人の知らないことを発見して書くのが仕事みたいなところがあります。**言葉と貨幣が似ているとは、最初は誰も思わないでしょう**。ですから、発見したら、ドヤ顔で文章に書きたくなるわけです。

では、言葉と貨幣の比較をしてわかる類似点をまとめてみましょう。

① 価値が作り出されたという類似

言葉は、もともと「存在しない価値」つまりイメージを作るのでしたよね。

貨幣も、現実的に価値のある物と物との交換だったのを、イメージの世界に変えちゃいました。価値があるというイメージの紙（紙幣のことです）を印刷して、「この紙1枚とあの果物10個は同じ価値なんだ！」という具合に、作られたイメージなのですね。

このように、**言葉と貨幣は「存在しない価値」をつくる類似性があります**。

② 価値は虚構かもしれないという類似

果物のように物でしたら、それを実際に食べたり交換したりすることができ、ナマの実感があります。しかし、価値があるイメージの紙（紙幣です）は、しょせんイメージですので、ぐらつく可能性はあります。「紙1枚と果物10個が同じ価値」だったのに、

入試での出題例

・2019年 同志社大(商)
・2019年 法政大(法)
・2019年 明大(政治経済)

関連重要語句

□**価値**
事物が役に立つ度合い。値打ち。経済学では、商品が持つ交換価値の本質とされるもの。哲学では、真・善・美などの常に認められる絶対性を持った性質。

□**共同幻想**
複数の人間が共有する幻想。
参 20世紀日本の思想家・吉本隆明《よしもとたかあき》が用いた言葉。

□**ハイパーインフレ**
有効需要が増加しても生産量を増加できず、物価が短期間に高騰《こうとう》し、貨幣の価値が暴落してしまう状態。
参 例えば、1920年代ドイツで見られたハイパーインフレは、第一次世界大戦の賠償金支払いのため、紙幣が大量発行されたことなどに起因する。
＝超インフレーション

紙のイメージが悪化したら、「紙1枚と果物3個が同じ価値」になってしまった……。

こういう事態を「インフレ」と呼びます。

このように、**言葉と貨幣は、価値があるようで、実はその価値は虚構《きょこう》（ウソ）かもしれない点で類似性があります。**

③ **人間を動かしてしまうかもしれないという類似**

人間は、言葉に感情を動かされます。僕も、読むたび号泣する小説があります。

貨幣も同じです。おカネに翻弄されて、人を裏切ったり、死を考えるほど追い詰められたり、おカネで歓喜したり。感情を動かされます。

このように、**言葉と貨幣は、イメージでしかないのに、人間を動かす類似性があります。**

貨幣との比較のコア

現代文では、誰も知らない類似性が主旨になる可能性がある！ と思っておきましょう。

□**デフレ**
物価が下落し貨幣価値が高騰する状況。その要因は不況であることが多い。

参 2000年代以降の日本では、アジア通貨危機などに起因するデフレが、ゼロ金利政策などを背景に継続している。

↕インフレ

【貨幣との比較】こぼれ話
お金持ちはお金を持ってない……と聞いたことがあります。
インフレのすごいやつ（ハイパーインフレと呼びます）が突然きたら、「この紙一枚と果物の皮が同じ価値」くらいまで、お金の価値が下がります。悲惨です。ですから、お金を物体に変えてしまうそうです。世界に7台しかない車とか。そうしたら、ハイパーインフレがきても安心なんだそうです。お金持ちもそれなりにたいへんなんですね。

入試問題チェック

2018年上智大(法)

野家啓一『物語の哲学―柳田國男と歴史の発見』より

「語りえないことについては、沈黙しなければならない」。ウィトゲンシュタインは『論理哲学論考』の掉尾《とうび》をこの簡勁《かんけい》な一句でもって締めくくった。それになぞらえるならば、私が以下の論述で展開し、擁護しようと思っているのは、「物語りえないものについては、沈黙せねばならない」という**テーゼ**である。むろん、話を**叙事詩**や小説などいわゆる**フィクション**の領域に限るならば、これは単なる**トートロジー**にすぎず、それこそ「語るに落ちる」話であろう。しかし、場面を過去の出来事や歴史的事実にまで広げるならば、これはいささか**面妖**《めんよう》で**背理**を孕《はら》んだテーゼとなるに違いない。というのも、光源氏が葵の上を妻に迎えたという出来事は、『源氏物語』という言語作品を離れては意味をなさないのに対し、源義経が静御前を妻に迎えたという出来事は、『平家物語』という作品の成立とは無関係に存在する歴史的事実だと考えられるからである。私がここで主張したいのは、前者と同様に後者の出来事もまた、歴史を物語るという言語行為、すなわち「物語行為」を離れては意味をなさず、また存在しえないというすまし返った**常識**の温顔を少しばかり逆撫でしかねないテーゼである。常識の糸が織りなす平明な図柄は、裏を返せば、絡まり合った糸の間から思いもかけない奇怪な図柄を見せてくれる。そのもつれ合った糸を解きほぐすことが、さし当《あた》っての本章の課題にほかならない。

まずは、「物語る」という言語行為の特異性を見定めることから始めよう。もちろん、「物語る」は「語る」という動詞から来ているが、それと似ていて非なる動詞に「話す」がある。そして、「語る」と「話す」とはどちらも人間の最も基本的な言語活動をあらわす言葉でありながら、その含蓄は微妙な差異を見せている。例えば、「話し合い」は日常茶飯に行われるのに対し、「語り合い」はあったとしても稀《まれ》であろう。また、「話が合わない」ことはあっても、「語りが合わない」という言い方は見当たらない。さらに、「話の**接ぎ穂**」を見いだす

重要語句の確認

□**テーゼ**
➡76ページ参照

□**叙事詩**《じょじし》
歴史、伝承、英雄物語などの長編韻文《いんぶん》。

□**フィクション**
作り事。仮構。虚構《きょこう》。
↔ノンフィクション

□**トートロジー**
あることを述べるのに、同義語や類語、同語を反復させる修辞技法のこと。同語反復。

□**面妖**《めんよう》
不思議。奇妙。

□**背理**
➡131ページ参照

□**常識**
➡158ページ参照

□**接**《つ》**ぎ穂**《ほ》
接ぎ木するとき、元の木である台木に対して、つぎ足す木のこと。転じて、話をつなげるきっかけの意味に

のに苦労をしても、「語りの接ぎ穂」を見いだすことはそもそも意味をなさないであろう。むしろ、「語り」が遂行される場面では、それが他の語りと「合う」ことや、「合わない」ことは問題とはならず、「合の手」が入ることはあっても、はなから「接ぎ穂」は不要なのである。

以上のことからすれば、「話す」が話し手と聞き手の役割が自在に交換可能な「**双方向的**」な言語行為であるのに対し、「語る」は語り手と聴き手の役割がある程度固定的な「単方向的」な言語行為と言えそうである。視点を変えれば、「話す」がその都度の場面に拘束された「状況依存的」で「出来事的」な言語行為であるのに比べ、「語る」の方ははるかに、「状況独立的」であり、「構造的」な言語行為だと言うことができる。このことは、語源的に「話す」が「放つ」に由来し、「語る」が「象《かた》る」に由来するという事実からも、一つの傍証が得られるであろう。

問 傍線部「すまし返った常識の温顔を少しばかり逆撫でしかねないテーゼ」は、どういうことか。次の中からもっとも適切なものを一つ選べ。

ア 常識をわきまえていて奇抜な言動を嫌う温厚な人物に恥ずかしい思いをさせるような論題。

イ 誰もが安心して信じきっている穏当な考えに異を唱えて人々を不快にするような言明。

ウ 常識とされていることの裏面には思いもよらない真実があることを人々に気づかせて不安にするような命題。

エ 誰もが認める正当性のある見解に敢えて挑戦して人々を呆れさせるような主張。

も使われる。

□**双方向**
情報伝達が一方向だけでなく、受け手も送り手になることができる方式。
＝インタラクティブ

! 注目ポイント

最初の段落で、『源氏物語』が出てきます。現代文で、名前は実例です。ここにピンときてください。

『源氏物語』という名前は、その前の「面妖で背理を孕んだテーゼ」の実例なんですね。コア56でくわしくお話ししますが、「要注目の大切なことを言う＋実例でわかりやすくする＋指示語からまとめに入る」のは、現代文のお約束なんです。

ですので、『源氏物語』つまり実例が終わって、指示語からまとめられてるところを押さえるのがカギですね。

解説

「語れないなら、沈黙すべきだ」と、筆者は書きたいようです。語りたいのが作り話であれば、事実じゃないわけですから、語っても仕方ないと。ただ、一般論としては、歴史的事実は作り話ではなく事実なんですから、語ることは可能だと思われています。

しかし、筆者は歴史的事実ですらそうじゃないよと言います。世間一般からしたら、奇妙だし、理屈に合わないように聞こえますね。そこで、筆者はわかりやすくするために、『源氏物語』から見本（実例）を出してきます。説得力アップねらいですね。

そして、10行目で、「私がここで主張したいのは」としてまとめに入ります。一般常識を逆撫でする意見ですよと。常識として、例えば教科書で見る歴史は、〝平明に整理〟されていますよね。でも、そういう一般常識の裏側には、思いがけない〝ぐちゃぐちゃな現実〟があるんですと。そう筆者は言いたかったわけです。

解答

ウ

傍線部の直前に、「という」と書いてありました。「という」は〝同格〟です。「という」の前後が同じだという意味ですね。〝『現代文のコア』という参考書〟などの用法です。としますと、「という」の前の話を押さえてやれば、解答が可能だということです。前に、「私がここで主張したいのは……」とあるので、傍線部は筆者の考えだということです。傍線部の後ろが「……本章の課題にほかならない」ですので、やはり、常識も裏を返せば思いもかけないものを見せてくれるというのが筆者の考えでしょうね。

アは温厚な人物で×。イは誰もが安心して信じ切っているで×。エは誰もが認めるで×。イとエが〝誰もが〟なんて、同じダメッぷりでした。

もうひとつチェック

選択肢イとエの2個が同じダメさでした。選択肢4個のうち半分が「誰もが」なんです。どこかで多数決に弱いのが人間だったりしますので、たくさん出てくるから正解っぽく見えて、この言葉が入ってる選択肢を選んじゃった……という決め方はダメですよね。

第10章の入試問題でも確認します。そこもよく読んでください。

まあ、「誰もが」なんていう「例外ナシ！」な選択肢は、やはり怪しんでみるほうがベターでしょうね。

第8章

社会

［Society］

・そもそも社会とは
・自由主義
・格差社会
・記号化
・自由からの逃走
・距離のメカニズム

コア 43

【そもそも社会とは】

近代になり、「個人」が集まって「社会」ができた

入試での出題例

・2019年 明大(政治経済)
・2019年 立命館大(文)
・2018年 京大(前期)

社会学という学問があります。僕も大学の講義で少しだけ習いましたが、面白かったです。社会についてのいろんな話題が出てきた覚えがありますし、過去の社会学者の考えも聞きました。

ただ、社会学の先生には申し訳ないのですが、そもそも「社会とは何か」というお話を聞いた覚えはないんですね。それは当たり前と言いますか、社会っていうのはもうあって、その上でのお話が社会学なんですね。

というわけで、学問とは別で、入試に向けて、社会とは何かをまとめてみましょう。

実は、**社会というのも近代よりも昔にはなかった**んですね。としますと、**近代の「神」である「変化」によって登場した**と考えるとわかりやすそうです。

近代になる前は、身分制社会でして、「共同体」のムラなんかがありました。これはもう生まれつき同じことをやるカタマリなわけです。

近代の「変化」で、身分制社会がなくなり、「個人」になりました。**この「個人」が集まれば社会になります**。生まれつきじゃありません。じぶんで集まる感じです。

当然、集まるか集まらないかは、個人で決めたらいいので、いくつも社会は生まれます。基本的には、じぶんにメリットがあるから集まることが多いので、**似たメリットを求める個人が集まります。そして、それぞれの社会ごとにカラーがハッキリしてきますよね**。どうせなら、イイとされる社会に加わりたいです。

関連重要語句

□個人
集団を構成している個々の人間。一個人。地位や身分など社会的な要素から切り離した人間。

□世間
世の中。転じて、人の交際範囲の意でも使われる。

□イデオロギー
根本的な考え方の体系。特に、政治・社会についての思想の傾向を指す。参19世紀ドイツの経済学者・マルクスは、社会の上部構造となっている法律・国家・政治形態や社会制度・風習・宗教などについての観念の諸形態をイデオロギーと呼んだ。
＝観念形態・思想形態

□コスモス
宇宙、世界、秩序、調和。

↔

□カオス
秩序の無い状態。混沌《こんとん》。

皆さんも、新しい環境（大学進学や高校でのクラス替えなど）に入るとき、どうせならイイ仲間とグループになりたいですよね。しかし、じぶんにはイイと思えるグループでも、別の人にとってはイマイチかもしれません。優劣じゃなくて、カラーが違うんですね。

このグループにあたるのが、社会なわけです。

世界中には、国家とは別で、たくさんの社会があります。**現代文では、その社会のカラーごとの特徴について語ることが多いのです**。

「いやいや、じぶんで集まった似たメリットのグループなら、そんなに語ることないんじゃないの？」と不思議そうな方がいたら、聞いてあげてください。あなたのグループは完全に平穏無事でしょうかと。**「似てる」ってことは、完全に同じではなくて違いがあるってことですから、何か揉め事もおきるかもしれません**。そういう平穏無事じゃないところを語っていくのも、社会をテーマにする現代文なんですね。

□**アナーキー**
無政府状態、無秩序状態。転じて、社会的権威から自由なさま。

□**ゲゼルシャフト**
ある特定の目的や共通利益を求めて、作為的に形成した社会集団。

□**ゲマインシャフト**
地縁・血縁・友情などによって、自然発生した社会集団。

【そもそも社会とは】こぼれ話

国際日本文化研究センターに井上章一という社会学の先生がいらっしゃいます。京都大学人文科学研究所のご出身ですが、京都のカラーを書き切った『京都ぎらい』という本がベストセラーになりました。多少は京都がわかる僕が読んでも、一流社会学者の手にかかると、核心を突く上にエンタテインメントになるのだと、感動でした。

コア **44**

【自由主義】ひとつにまとめられない「自由主義」

「自由主義」というのがあります。自由を大切にする態度や考え方という意味です。現代文だと、政治や経済や思想の大事な場面でどうするか、規則通りやるのか自由なのかといった「自由」について語られるのですね。

ここまで「自由主義」と言ってきましたが、コア39で、言葉はロープを張る（分節する）とマスターしてもらった通り、そこにロープが張られて、ふたつに分けられちゃうんですね。片方を①**「リベラリズム」**と呼び、もう片方を②**「リバタリアニズム」**と呼びます。

①リベラリズムは、条件付きの「自由主義」です

完全に自由なんじゃなくて、少し不自由をガマンしたらゲットできる自由です。不自由とは、カンタンにいえば税金でしょうか。それをガマンしたら、あとは自由でいいよ！という「自由主義」です。いくら自由とはいえ、社会で生きてる以上、社会への入場料がかかるよというわけです。その入場料が、社会的に弱い存在である人たちに回ったりします。こういう**少しソフトなタイプの自由主義**なんですね。

②リバタリアニズムは、入場料もイヤな「自由主義」です

自由に競争する。努力した結果がすべて。負けたのはその人のせいだ。入場料を取るなんて、国はドロボウなのか。入場料が弱者に回るなんて、負けてもセーフってことで、「努力しなくてもいい」って空気になるぞ。社会資本の大部分をじぶんが所有した（**偏**《へん》

入試での出題例

・2019年 佛教大（教育）
・2018年 広島修道大（法）
・2017年 筑波大（前期）

関連重要語句

□**新自由主義**
政府の民間介入に反対し、資本主義下の自由競争を重んじる立場および考え方。国営企業の民営化、規制緩和による経済自由化などが特徴。
参 1970年代以降、イギリスのサッチャー首相、アメリカのレーガン大統領、日本の中曽根《なかそね》首相などが新自由主義政策を採用し、経済成長を導いた。しかし、このときの政策が貧富の格差拡大などの社会問題の原因の一つとなっている。

□**貨幣**《かへい》**物神化**
貨幣自体はイメージに過ぎないのに、貨幣そのものが価値あるように思えてしまうようになること。

□**偏在**《へんざい》
偏って、特定の場所にだけあること。

□**遍在**《へんざい》
広く行きわたり、どこにでも存在す

在《ざい》と言います）のなら、努力の結果。じぶんのもの。ただ、弱者にお金持ちが援助するのも「自由」で立派だと思う。こういう**ハードなタイプの自由主義**なんですね。

それで、**現代は、リバタリアニズムが優勢になっている**、というより、そういう社会制度になってきているようです。リバタリアニズムの発展型である今どきの「自由主義」を、**「新自由主義」**と呼びます。

ところで、言葉は価値を作り出しますよね。

「自由主義」とひとつの言葉でまとめられて済んでいる……ということは、**リベラリズムとリバタリアニズムとの比較が隠されているのかもしれません**。

世の中の流れからするとリバタリアニズムが進行中で、あちこちに見え始めてきていますので、今後さらに要注意なテーマです。さて、キミはどちらに賛成でしょうか。なんて。

ること。

□**リベラル**

因習などにとらわれないさま。穏健《おんけん》な革新を目指す政治的立場のことも指す。

参1980年代アメリカのレーガン政権以降は、福祉を過度に重視する革新派を批判するために、保守派がこの語を使う場合が多い。

【自由主義】こぼれ話

アメリカの政治哲学者ロールズは、人間の初期設定の良い悪いをベールで隠して、「もしかしたらじぶんは良くないスタートかも……」と思わせたら、みなソフトなほうがいいと思って①「リベラリズム」になると主張しました。一方、『自由論』という本が有名な、イギリスの哲学者ジョン・スチュアート・ミルは、他人に迷惑をかけないならあとは自由だとして、②「リバタリアニズム」を主張しました。むかしから、意見が分かれているのですね。

コア
45
【格差社会】新自由主義で競争過熱の現実

ハードなタイプの「自由主義」リバタリアニズムの発展型なのが、今どきの「**新自由主義**」なんです。実感がわいてもらえるように現実社会を眺めてみましょう。

「**規制緩和《かんわ》**」なんて聞いたことがありませんか。この仕事はココが専門でやるというのを「規制」だとしましょう。電車通学の方も多いでしょう。昔は国鉄といって、全国の鉄道は国鉄（日本国有鉄道のことで、政府が100％出資する公社が経営していました）がほぼ専門でした。専門ならプロだから安心しそうですが、競争がないから、「頑張らなくても安泰《あんたい》だぜ」で、仕事やサービスがダメダメになりかねませんでした。で、規制緩和です。国鉄はJRとなり、一個の民間企業となりました。競争相手が参入してきます。サービスがよくて安い料金の電車を選びますよね。お客さんの取り合い、**自由競争**になりました。

こうしてみると、新自由主義のあらわれのひとつ、規制緩和はアリに思えます。

しかし、そうなると、**競争がどんどん激しくなりますよね**。少しでも安く、お客さんの言うことをなんでも聞く過剰《かじょう》サービス。どっかでムリをします。材料を安く仕入れたいから、下請《したう》け業者を泣かす。人件費を払いたくないから、社員を減らす。規制緩和で人材派遣会社ができたから、忙しいときは派遣社員でやりくりして、忙しくなくなったら派遣切り。

こんなふうに、いっぱい問題が出てきてるんですが、下請け業者になったのが悪い、派遣社員になったのが悪いというのが、リバタリアニズムです。

入試での出題例

・2019年 日大（危機管理）
・2018年 東京経済大（現代法）
・2015年 明大（農）

関連重要語句

□成長至上主義
過去の反省や現状維持ではなく、絶えず成長していることにのみ価値をみる態度。

□パラサイト
大学卒業後も親に基本的生活を依存しながらリッチに生活を送る未婚者。親を宿主として寄生（パラサイト）しているような様子からつけられた。
参 1997年に日本の社会学者・山田昌弘が使い始めた言葉。

□モラトリアム
▼75ページ参照

□一義
たった一つだけの意味や解釈のこと。

□両義
両方の意味。二つの意味。

□多義
同一の単語が複数の意味をもつこと。
参 例えば、「濃い」という多義語は

新自由主義はリバタリアニズムの発展型とお話ししました。何が違うのかといえば、**監視があるのです**。第2章の「現代」では「監視社会」をやりましたし、第4章の「芸術」のコア23でも「コピーを量産できるけど、著作権の問題も厳しくなっている」とやりましたよね。

リバタリアニズムでガンガンやらせといて、行き過ぎたら、監視パーソンが出てくるんです。ニュースで、（ムチャして）伸びてきた企業が役所のチェックを受けているのを見たことがありますよね。その手前で、ガンガン儲けて「勝ち組」になる一部がいます。逆に大部分は、いいように使われて、疲れて困ってしまいます。でも、新自由主義では「自己責任！」の一言でおしまいにされてしまいます。

これを現代の**「格差社会」**というのですが、問題アリのはずなのに、いうほど入試で頻出ではありません。筆者は勝ち組だから気にならないのか、あまり教育的によくないから出題されないのか、闇ですね。

格差社会のコア

「色が深い」「味が強い」「密度が高い」という複数の意味を持つ。

【格差社会】こぼれ話

格差社会で問題なのは、最初から結果がほとんど決まっちゃってることです。ロールズの言うベールがなく、見えちゃってますと。東大の佐藤俊樹先生は『不平等社会日本』という本で、「知識エリート（親）は知識エリート（子）を再生産する。他の階級から入り込むことは困難になっている」のではないかと書いてらっしゃいます。この本は社会学的な分析でびしびし書かれていますが、最後は希望を見出す終わり方で僕は読んでて救われました。

コア
46

【記号化】社会的なお約束は、けっこう危ういですよ

入試での出題例

・2019年 上智大(経済)
・2019年 立教大(文)
・2016年 名古屋大(前期)

東京駅では、歩きスマホばっかりです。動きがめちゃくちゃで、キチンとしてるこちらが歩きにくくて仕方ありません。前の人と同じペースで歩いてたら、後ろから歩きスマホの女性がぶつかってきて「邪魔よ」みたいな目つきだったこともあります。

しかし、不思議な経験もしました。色的にコワイ感じのスーツをたまたま着てたら、なぜか同じ駅なのに、歩きやすかったんですね。ぶつかってくる人もいませんでした。

こんなものなんですね。コワイ感じのスーツ→「避けておくわよ」。紺《こん》色のジャケット→「どきなさいよ！」という具合に、すぐ判断しちゃって、それで社会は渡っていけるということなのでしょう。

このように、すぐ判断したいときに便利なのが、「アレはこう、コレはこう」というお約束、社会的なサインです。現代文では、**「記号」**と呼びます。

例えば、ルイ・ヴィトンのカバンは記号です。**社会的なお約束**として、それを持ってる人はカネ持ちと判断されます。他人からちょっと借りてるだけかも……とか、考えません。

こういう〝高さ〟を示す「記号」のことを、特に**「ステイタスシンボル」**と呼びます。シンボルとは、記号のことですよね。ステイタスシンボル同士でバトルするのを、**マウント**の取り合いなんて言うそうです。

で、**今の社会は記号で成り立っています**。相手の実体や精神など、深い理解は面倒くさい。とりあえずカンタンに済ませたらイイというわけです。そういえば、フランス語で「記号」は「signe」と書きます。一文字入れかえて「singe」にしたら、「猿」なんです。記号ばっ

関連重要語句

□**歴史**
過去に起きた事実、およびそれらについての記述のこと。
参 一定の価値判断に基づいて選択された事実が歴史を構成する。

□**地理**
土地の状態。山・川・海・陸・気候・人口・集落・産業・交通などの状態を指す。

□**付加情報**
メインではなく、趣味的にプラスされた情報。

□**ステイタスシンボル**
社会的地位や身分を象徴《しょうちょう》するもの。
参 社会的な状況により、ステイタスシンボルは変化する。例えば、17世紀イギリスでは砂糖や茶は高価でステイタスシンボルとなっていたが、19世紀には価格の低下により大衆的な商品となった。

かりだと、うっかり猿になっちゃうよって、言い過ぎでしょうか。

しかし、これは社会だけの話ではありませんよね。第5章の「哲学」以来、あちこちに出てきた「形而上《けいじじょう》＝精神」と「形而下《けいじか》＝物体」の話でもあるわけです。形而下の物体、例えばルイ・ヴィトンのカバンが「記号」で、カネ持ちなんだなあと思うのが形而上（精神）です。

ただ、**現代文で問題にされるのは、あまりにも単純に、形而下つまり物体で判断してしまうことのコワさなんです**。記号の裏に闇があるかも……と、考えることはありません。でも、それくらい現代社会は、やることが多すぎる高度情報化社会で、いちいち立ち止まって考えることができないという問題にもつながるわけですね。

そして、**記号はしょせん「お約束」に過ぎませんから、不動ではなく、変わっていく**ことも問題です。昔は憧れだったブランドが、今では〝イタい〟持ち物になってたりして、第2章でマスターしてもらった、現代の**演技性**や**多様性**とつながるわけですね。

記号化のコア

闇
このTシャツどうよ〜!?
記号
おお〜!
カッコイイ〜!
ほし☆のTシャツ着てたなー
アレなんだったんだろ?
アハハ

□マウント
猿などの動物が、他の個体に馬乗りになって、自らの優位性を示す行為。転じて、人間がじぶんの優位性を認めさせるために、相手にじぶんの境遇を誇示《こじ》することも指す。

□ヒエラルキー
ピラミッド形に序列化された秩序や組織。

【記号化】こぼれ話
ダイナースクラブというクレジットカードがあります。所有するためのハードルが高すぎて、昔はほぼ見かけないカードでした。シルバーの券面に世界地図が描かれているカードです。いわゆるステイタスシンボルなんでしょうね。しかし、今やダイナースクラブ内でも、従来のシルバーと、その上位のブラックカードとに分かれているとのことです。記号は不動ではなく、変わっていくのですね。

コア
47

【自由からの逃走】自由になって疲れちゃったのです

入試での出題例
・2020年 東大(前期)
・2018年 日大(短期大)
・2016年 埼玉大(前期)

疲れちゃいました。人間はそんなに強くないので、あれこれに疲れちゃったわけです。**自由主義**や**新自由主義**なのだそうですが、人間はそんなにピリピリとばかりしていられません。しかし、一度負けたら確定で、ぬけ出せないらしいなんて言われたら、ピリピリせざるを得なかったりします。

それなのに、社会は格差がいちだんと激しくなってる気がしますし、ほとんどの人にとって、今後への不安がゼロとは全く言えないわけです。ひどいものです。いつから、こんな社会になっちゃったんでしょうね〟

そこで、社会の移りかわりを思い出しますと、**近代にはなかった疲れなんですよね**。近代の「神」は「変化」で、身分制社会から、じぶん「個人」になった！ 何にでもなれるぞ、自由だ！ という時代でしたから。

その結果、現代はいろんな問題がある時代になったんだよというのを、第2章でマスターしてもらったわけです。

自由に疲れちゃったわけですね。第1章でマスターしてもらったように、〝何にでもなれる〟の裏側です。〝どこへもいけないし、何にもなれない〟でしたね。

そうなりますと、じぶん「個人」なんて言ってないで、**大きな枠の中に入って、与えられた〝正解〟にじぶんを合わせておくほうがラクで安心なんです**。シビアな現実社会ではない、無責任でいられる**ユートピア**に身を置けるからでしょう。

このような状況を、**「自由からの逃走」**と呼びます。もともと、ユダヤ系ドイツ人のエー

関連重要語句

□**ユートピア**
ギリシア語の「どこにも存在しない場所」を意味する語。転じて、理想的社会・空想的社会を意味する。=無何有郷《むかゆうきょう》、無何有《むかう》の郷《さと》

□**逆説的**
真理に背くようでいながら、実際には真理をついているさま。また、普通とは反対の方向から考えを進めるさま。

□**超克《ちょうこく》**
19〜20世紀ドイツの哲学者・ニーチェが提唱した言葉。自己の現状を超える価値を創造することにより、本来あるべき自己を形成していくことを指す。

□**袋小路**
行き止まりになっていて通り抜けられない小路。転じて、物事が行き詰まった状態。

リヒ・ゼーリヒマン・フロムという精神分析家がアピールしたことでした。

実は、予備校での受験生との対話でもありがちです。「先生、◯◯って、やったほうがいいんですか?」この問いかけは、ほぼ間違いなく「やらなくていいよ」との答え待ちです。◯◯が必要かどうかは、その受験生の成績や志望校次第なわけで、一言で済む話ではないんですよね。もっと言うと、やるやらないは究極的には個人の自由なんです。でも、「やらなくていいよ」との大きな枠を求めてるのです。

こんな身近なところにも「自由からの逃走」はあるんですね。

現代文では、自由になったために自由をイヤがることを**「逆説的な構造」だと軽く述べるものもあります**し、自由の果てに自由に行き詰まりを感じてる、つまり**もう正解という枠に入れてほしいとなっていることへの危険性を指摘するものもあります。**これって、下手したら、戦争突入前のファシズムに近いということなのだそうです。

自由からの逃走のコア

なにをやっても自由だヨ
音楽
本
ゲーム
料理
旅行
ヒー! 何かこわい!
助けてー!
こっちに正解あるぞ~

□**無責任**
責任がないこと。責任を自覚しないこと。責任感がないこと。また、そのさま。

□**消極的自由**
他者からの強制的干渉が存在しない状態。

↔

□**積極的自由**
高い価値を実現するため、自律的に行動できる状態。

【自由からの逃走】こぼれ話

ちょっと書くのがためらわれるのですが、フロムは自由からの逃走を、Mつまりマゾヒスティックな行動だと書いてるんですよ。大きな枠に入り、「言われるままに従います」ということなのでしょう。精神分析家ですしね、そういう観点での説明がなされてるわけです。

コア
48

【距離のメカニズム】気軽に近づけないから、価値があるんです

入試での出題例
・2018年 上智大(法)
・2018年 成蹊大(経済)
・2016年 筑波大(前期)

人間とは、そんなに単純ではありません。コア47でも、**自由になったら自由じゃない枠を求める逆説的なところがあると**、マスターしてもらいましたね。

で、その枠の話です。じぶんが枠に入れば安心なんですが、そこも単純じゃなくて、**どの枠に入るかが問題なんですね**。そして、枠に入らない人とは別だと線を引くんですよ。

何にでもなれたじぶんが、その可能性を捨てて枠に入ると。だったら、社会でイイとされている枠に入りたいわけです。みじめな枠だと、そこに入ってるじぶんもみじめな気持ちになりますから。

では、どんな枠がイイとされている枠なのかと言えば、**なかなか入れない枠がイイ枠なんですね**。

名の知られた学校だと、なかなか合格できません。医学部のようになかなか合格できない難関学部もありますね。

その枠に入ってると、じぶんもイイ感じがするわけです。ただし、学校や学部の話ですと、そのぶんじぶんが頑張ったのですから、話がちょっと別かもしれません。

コンサートにしましょう。僕はすごく好きな女性シンガーソングライターがいて、コンサートに行きました。ドームで開催というのではなくアットホームですが、僕と女性シンガーソングライターのあいだには**距離**があります。ドームでしたら、距離がめちゃめちゃ大きくて、ほぼ見えないかもしれませんね。とにかく、客とは距離があるわけです。

これが、実は価値を高めるんです。なかなか近くにはいないからこそ、もっと知りたいと

関連重要語句

□**バーチャル**
実体を伴わないさま。仮想的。疑似的。

□**アンビバレンス**
同一の対象に対して、愛と憎しみのように相反する感情を同時に持つこと。両面価値。

□**ハレ**
日本の民俗学の基礎概念。19～20世紀日本の民俗学者・柳田國男《やなぎたくにお》により見出された。ハレ（晴、公）は天候の晴天・公的な儀式に通じ、晴れやかな気分に満ちた非日常的・公的な側面を指す。「晴れ着」、「晴れ舞台」などの表現に表れている。

□**ケ**
日本の民俗学の基礎概念。19～20世紀日本の民俗学者・柳田國男により見出された。日常的・私的な側面を意味している。普段着を「褻衣《けごろも》」、

いいますか、ありがたみが増すといいますか、価値が高くなりますね。パッと見て客が少なくて近い存在だとしたら、「うれしい」じゃなくて「フッこんな程度なのね」となって、価値が下がるばかりです。記号化社会ですので、実体ではなく距離などのわかりやすい「記号」で、すぐ判断したがる傾向にあるわけです。

電車に乗ってて、隣の席の人が「ららー♪」と歌い出しても、イイねえ……とはなりません。ミュージシャンより上手でも関係ありませんよね。仮に、好きなミュージシャンが客3人のコンサートで歌ってたら、悲しくなります。近いと価値も下がるわけです。

まとめますと、高い「枠」がイイのでして、**その高さの正体は、距離なんです。**コレ、つまりは第2章でマスターした、「現代」の特徴でもありますね。現代は「**カリスマ**」を求める状況なのでした。帰国した有名人が成田空港で何百人に迎えられるのも「カリスマ」ゆえでしょう。誰もいなかったら、歩きやすいけど落ちぶれ感が漂《ただよ》いますよね。

現代文では、**価値は「形而上《けいじじょう》＝形なし＝イメージ」です。**イメージとしての高い「枠」つまり価値を作るのが距離なのですね。

距離のメカニズムのコア

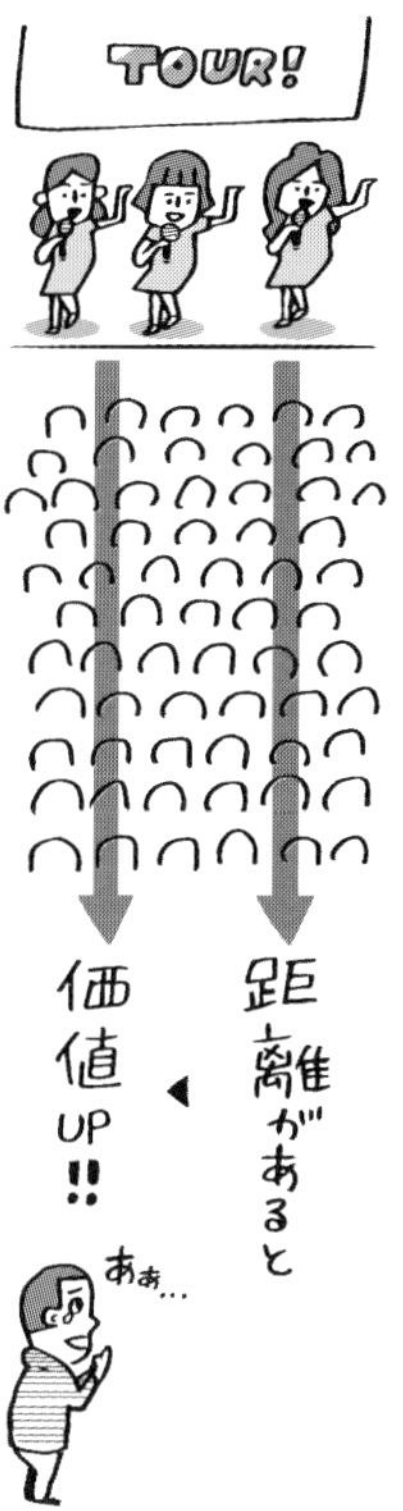

居間を「褻居《けい》」という表現などに表れている。

□背理
道理や論理に背くこと。一般的に正しいと思われていることに反することがら。
＝パラドックス・逆理・逆説

【距離のメカニズム】こぼれ話
引退しましたが、長州力《ちょうしゅうりき》というプロレスラーがいました。ポリシーとして、「試合前に客の前に姿を見せない」というのを徹底したそうです。入場曲が流れてもなかなか登場しない……あっ出てきた！　長州だ！　すげー、本物だ！　と価値をさらに上げたそうです。近ければ「さっきそのへん歩いてたな」として、価値なんか下がるだけだとご存じだったのでしょうか。距離のメカニズムですね。

入試問題チェック

2019年日大(危機管理)

佐伯啓思『経済成長主義への訣別《けつべつ》』より

確かに、今日、いわゆる**グローバル資本主義**はほとんど出口のない危機へ向かって暴走しているようにみえる。２０１６年には、グローバル資本主義の危機的状況を物語るふたつの出来事が生じた。ひとつは、イギリスの国民投票によるＥＵ離脱の決定であり、もうひとつは、アメリカの大統領選におけるドナルド・トランプの勝利である。

この、世界を**震撼**《しんかん》させた予想外の出来事は、ある重要な一点において、同一の事情から生み出されたものであった。それは、グローバル資本主義の機能不全ということである。

グローバル資本主義は、**国境を消し去った**自由な経済活動を理想とする。この理想をもっともすばやく現実に変えることができるのは資本であり、資本を自由に動かせる金融投資家やグローバル企業こそがこの時代の主役となる。ボーダレス化した世界市場は彼らに大きな利潤機会を与える。ところが、土地に縛られて簡単に移住することのできない、あるいは転職することのできない労働者はきわめて不利な立場におかれる。それでも住む場所があればよいが、いっそう不利な立場にいるものは、土地を離れて仕事を求めてさすらい、他国へと移住するほかない。

こうして、地域**格差**や所得格差が生じる。しかも、多くの場合、収入が減少し雇用が不安定になるのは、製造業を中心とした中間層から下層にかけての企業従業員や労働者たちであった。ごく「ふつうの人々」なのであり、彼らの不満は政治に向けられるであろう。

したがって、政府は何らかの政策を打たなければならない。しかし、その手段は限られている。過度な金融緩和は、ますます浮動する資本を増長させ、金融市場の投資家に甘いえさをばらまくことになる。他方、財政政策は財政赤字を生み出し、過剰に国債を発行すれば、それがまた投資家に狙われる。あるいは、**新自由主義**者にそそのかされて緊縮財政や競争促進政策をとれば、いっそうの景気の悪化や労働賃金の低下を招きかねない。どれもが手詰ま

重要語句の確認

□**グローバル**
➡91ページ「グローバリゼーション」参照

□**資本主義**
➡14ページ参照

□**震撼**《しんかん》
ふるい動かすこと。また、人をふるえあがらせること。

□**国境を消し去った**
➡コア11参照

□**格差**
➡コア45参照

□**新自由主義**
➡122ページ参照

□**ナショナリズム**
民族や国家に対する個人の忠誠心による感情。また、それをもとに形成する政治思想や運動を指す。

りになる。政府が取りうる政策手段は限られているのだ。

そこで、ＩＴ革命や金融改革から排除され、グローバル資本主義の恩恵にあずかれないものは、政府に対して批判票を投じ、既存の政治に対して不満をぶつけるであろう。民主主義は、こうした不満を表明する格好の舞台になるのだ。かくて、イギリスではＥＵをリードするフランスの官僚やドイツの新自由主義者が批判された。アメリカでは、グローバリズムを押し進めた既成の政治が批判された。その同じ力学が、イタリアでもオランダでもフランスでも、そしてＥＵの牽引《けんいん》者であるドイツにおいてさえも排外主義的な**ナショナリズム**を押し上げている。彼らは、批判の矛先を、職が競合する移民労働者に向けるのである。こうして、グローバル化やボーダレス化の帰結である開放的な移民政策が攻撃されることとなる。

明らかに、グローバル資本主義はうまく機能していない。しかもそれだけではない。民主政治もうまくいかないのである。

問 傍線部「民主政治もうまくいかないのである」の理由として、最も適切なものを一つ選べ。

1 グローバル資本主義の主な担い手は、移動労働者たちである。それゆえ、私たちが選ぶのは、投資家と癒着した政治家に限定されてしまうから。

2 現代においては、地域格差や所得格差など課題が個別化してきており、より繊細な政策が必要である。にもかかわらず、投票行動は国家を単位としているから。

3 現在は国境を越えて資本が移動するため、政府では対応しきれない。それゆえ、排外ナショナリズムが台頭し、状況への不満を投票行動でぶつけてしまうから。

4 土地に縛られ、簡単に移住することのない労働者たちは、国際社会への興味関心をもたない。その結果、収入減少の原因をすべて政府に帰し、批判票を投じるしかないから。

注目ポイント

いきなり経済っぽい用語がラッシュで出てきますね。経済の話は苦手な受験生が多いようです。話の展開を示すサインにピンとくるのが大切です。14行目の「こうして」に注目しましょう。ここでは、これまでの話が一度まとめられています。そして、17行目の「したがって」の後には、筆者の意見が続きます。その後を読んでいきますと、31行目に「明らかに」とありますので、もう新しい話は出てこないとわかりますね。このように見たら、苦手なテーマの話でも〝見えて〟くるわけです。

解説

世間一般では、経済の成長がすごく大切な価値とされています。そのため、経済が成長していける残りがなくなってくると、少ない残りをどこが取るかで、競争がどんどんシビアになります。そのあらわれが、新自由主義やグローバル資本主義の暴走なわけです。グローバルとは、国境もなくして自由に経済活動するってことですよね。としますと、世界的に儲かる側とそうじゃない側とにぱっかりと分かれてしまいます。当然、そうじゃない側のほうがずっと多いわけです。格差がどんどんと広がり、不満が生まれます。不満は政治に向かいます。政治の側は、その不満をなんとかしなきゃいけません。多くの人が不満のままだったら、次の選挙で落選しちゃいますしね。ただ、困ったことに、政治は国家ごとなんですよね。儲かる側は国境なくしてグローバルなので、国家の政治だけではどうにもならないわけです。

というわけで、選挙では、不満な多くの人が、今の政治を叩くように投票します。政治も経済もダメなところがあり、うまくいかないなと筆者は思っているわけですね。

解答

3

傍線部の直前に、「しかもそれだけではない」と書いてあります。しかもは〝拡大コピー〟だと知っておくと便利です。前と同じようなお話を拡大してくるんですね。〝合格した。しかも第1志望校に合格した〟などの語法です。としますと、傍線部の前の、グローバル資本主義がうまくいっていない話を押さえれば、それと同じような話（コピーですので）が正解になります。

1は、投資家と癒着した政治家で×。2は、より繊細な政策が必要で×。4は、労働者たちは国際社会への興味関心をもたないで×。

もうひとつ、チェック

文章の最後に傍線部があります。窮屈な感じもしますけど、傍線部の前で解答が可能だな、前を押さえればいいだけだと取りたいです。最後に傍線部があるのはちょくちょく見かけますので。

ここでは、「しかも」は〝拡大コピー〟だとを確認してもらいましたが、こういう日本語の〝語法〟のようなのは、すぐ使えるように整理しておくとグッドでしょう。

第9章

小説

［Novel］

・そもそも小説とは
・鷗外と子規と漱石
・風景動作
・上下運動
・人物相違
・複合状態

コア
49

【そもそも小説とは】
近代以降の小説をイッキに確認します

入試での出題例
・2017年上智大(文)
・2017年日大(芸術)
・2016年明大(商)

小説というのは、近代に初めて登場したと知っておきましょう。

それまでは小説とは言わず、**『戯作《げさく》』**と呼びましたし、中味もまるっきり違うものでした。近代の小説家は、江戸時代の戯作を振り返って、「小説めいた説教」と悪口を言ったほど、便利につくられたストーリーばかりでした。

近代の「神」の「変化」によって、社会の仕組みやらいろんなことがすごい勢いで変わるなかで、文学も「変化」しなきゃという時代の雰囲気もありまして、戯作から小説へ変わります。小説の第1号として、**二葉亭四迷《ふたばていしめい》**の**『浮雲』**をあげておきます。イマイチな文章しか書けないと悩んだ二葉亭四迷が、**坪内逍遥《つぼうちしょうよう》**先生に習い、先生の本**『小説神髄《しんずい》』**を読み、話してるように書いたら、人物の心理までキチンと書けたのです。ここで、「説教」から、個人の言葉で作ったストーリー「小説」が始まり、今に至るんです。

第7章でマスターしてもらったように、言葉は**虚構《きょこう》**なので、なんだって作れます。しかも、ツマンナイ現実そのままじゃないほうがイイわけですよ。

そのツマンナイ現実からの離れ方で、今に至るまでの小説を分類したのが**〝文学史〟**というやつです。一気にやっちゃいましょう。

①ツマンナイ現実をキレイごとでごまかさず、もっと現実を暴く……のを**「写実主義」**と呼びました。二葉亭四迷の「人物の心理までキチンと書いた」のはコレですね。

②しかし、すぐには完全近代化はムツカシくて、江戸文学っぽいのが、まだ人気ありました。**「擬《ぎ》古典主義」**と呼びます。

③多感な時期に、写実主義を読み、感動して、小説家になりたいと思ったニュー世代が、

関連重要語句

□**プロレタリア文学**
社会主義的思想に基づき、プロレタリア＝賃金労働者階級としての目線で現実を描いた文学。小林《こばやし》多喜《たき》二《じ》・徳永直《とくながすなお》などがいる。

□**新感覚派**
大正末期〜昭和初期に活躍した、横《よこ》光利一《みつりいち》、川端康成《かわばたやすなり》などの作家たちの呼称。リアリズムからの解放を求め、暗示や象徴を多用した。

□**戦時下の文学**
戦争中の発禁制度に抵触しなかったもの。堀辰雄《ほりたつお》や中島敦《なかじまあつし》などがいる。

□**無頼派《ぶらいは》**
第二次大戦後に活躍した、反道徳性を特徴とする、太宰治《だざいおさむ》、坂口安吾《さかぐちあんご》などの作家たちの呼称。
＝新戯作《げさく》派

□**戦後派**
第二次大戦後の日本のあるべき姿を

小説家になります。写実主義のニュー世代版を**「自然主義」**と呼びました。

④その自然主義に、ちょっと違うんじゃないのかと、ダウトしたのが**「反自然主義」**です。この中にはいろんなグループがありました。スキャンダルな暴露《ばくろ》よりも美的な中味をウリにした**「耽美《たんび》派」**、道徳的な内容でいちばん支持を集めた**「白樺《しらかば》派」**、スキャンダルなインパクトじゃなくて理性的に現実を描いた**「新思潮《しんしちょう》派」**などです。明治のビッグ2である夏目漱石と森鷗外もココですが、別格でお高くて、**「高踏《こうとう》派」**なんて呼ばれました。

以下、⑤**「プロレタリア文学」**、⑥**「新感覚派」**、⑦**「戦時下の文学」**、⑧**「無頼《ぶらい》派」**、⑨**「戦後派」**、⑩**「第三の新人」**、⑪**「内向《ないこう》の世代」**と続いて、いま活躍中の小説家に至るんです。

このような文学史がわかっていたら、入試問題で小説が出たとき、どんなテイストなのかがわかります。それはオイシイですよね。一通りマスターしておきましょう。

そもそも小説とはのコア

捉えようとした埴谷雄高《はにやゆたか》、安部公房《あべこうぼう》などの作家たちの呼称。

□第三の新人
戦後から少し離れた1950年代初期に登場した遠藤周作《えんどうしゅうさく》などの作家の呼称。

□内向《ないこう》の世代
1970年頃に登場した古井由吉《ふるいよしきち》・阿部昭《あべあきら》・黒井千次《くろいせんじ》などの作家たちの呼称。内向的な文学世界が特徴。

【そもそも小説とは】こぼれ話

小説誕生のキーパーソンは落語家の三遊亭円朝でした。師匠に意地悪された円朝は、創作落語をやりました。話し言葉で新しく咄を作りました。

坪内逍遥先生に「円朝を学べ」と教わった二葉亭四迷が、話すように作る（言文一致体）ことで、ベストセラー『浮雲』を書けたのです。

コア
50

【鷗外と子規と漱石】先生や屋根に書を読む煤払

（漱石が子規宅で鷗外に初めて会った日に詠んだ句）

入試での出題例

・2019年 日大（経済）
・2018年 甲南大（法）
・2017年 都留文科大（前期）

現代文で、**森鷗外**《もりおうがい》と**正岡子規**《まさおかしき》と**夏目漱石**《なつめそうせき》は頻出です。どんな人か知っておいたら、読解問題で有利になりますね。

森鷗外は、東大医学部を史上最年少の20歳で卒業したエリートです。のちに陸軍軍医総監になっているほどですから、**小説家の人生は一部だった**ということです。鷗外は小説家の弟子もとっていません。

陸軍省のお金でドイツ留学しまして、そのときの恋愛（と悲恋）を題材にしたのが『舞姫』です。エリートゆえの決められた人生……なのでしょうが、このあとも亡くなる間際まで、リッパな近代人を演じきりました。歴史小説『高瀬舟』では安楽死をテーマにして、史伝『渋江抽斎《しぶえちゅうさい》』では、幕末の医師兼作家の人生を書きました。じぶんを重ねたのでしょう。

夏目漱石と正岡子規は、東大の同級生で親友です。現代文では、それぞれも単独でテーマになりますし、比較して語られることもあります。

正岡子規は、若いころから深刻な病気に冒されていて、34歳で亡くなりました。子規とは、中国語でホトトギスの意味です。鳴きながら血を吐く鳥（として、文学では使われます）をペンネームにするくらい、死が見える人生で、晩年は寝たきりでしたが、たくさんの足跡を残しました。**短歌と俳句の分野で、それまでの常識をひっくり返しました**。文学的な常識を使うのではなく、「見たままをよめ！」として「**写生**」とアピールしたんですね。近代の「神」

関連重要語句

□**木曜会**
夏目漱石《なつめそうせき》宅で、毎週木曜日に漱石の教員時代の教え子や漱石を慕う若手文学者が集まり、さまざまな議論をした会合のこと。

□**則天去私**《そくてんきょし》
「天に則（のっと）り私を去る」の意。自然の道理に従って生き、私心を捨て去ること。夏目漱石の造語で、晩年に文学・人生の理想とした。

□**遺書**
森鷗外《もりおうがい》の場合、遺書にて、ドイツから帰国後に得たすべての栄誉や肩書きを拒絶して、墓石には「石見国（島根県）の人」と彫ってくれと強く望んだ。悲恋の後は、演技の人生としての近代的人格だったことを遺書で示したとする説がある。

□**写生**
対象をありのままに写す方法。俳人・

である「変化」と合致していました。「写生」グループで、俳句雑誌**『ホトトギス』**を出していました。

漱石は、子規が死の床にいるころ、まだイギリス留学中でした。帰国後、東大の先生になりましたが、大学の仕事がツラかったこともあり、**『吾輩は猫である』**を親友の雑誌『ホトトギス』に連載したりして、どんどん小説家割合が大きくなりました。朝日新聞に頼まれて専属のプロ小説家になりました。初期三部作は、**『三四郎』『それから』『門』**です。晩年は、人間のエゴを避ける〝**則天去私**《そくてんきょし》〟を、文学と人生の理想としました。それをテーマに、傑作**『明暗』**を書いていましたが、49歳で亡くなったため、未完です。鷗外とは異なり、小説家の弟子がたくさんいました。**「木曜会」**といいまして、**芥川龍之介**《あくたがわりゅうのすけ》や**寺田寅彦**《てらだとらひこ》が有名ですね。

このような話をアタマに入れておくと、現代文でいきなり鷗外、子規、漱石なんて出てきても、内容が予想できますね。

鷗外と子規と漱石のコア

正岡子規《まさおかしき》が短歌・俳句に取り入れ、現実に密着した写実的な描写を良しとする写生論を説いた。

□ホトトギス
柳原極堂《やなぎはらきょくどう》が創刊した日本派初の俳句雑誌。翌年から高浜虚子《たかはまきょし》が編集発行を担当。子規一派の機関誌として河東碧梧桐《かわひがしへきごとう》らを擁した。

□アララギ
1909年創刊の短歌雑誌。正岡子規の短歌会の流れもくむ。島木赤彦《しまぎあかひこ》、斎藤茂吉《さいとうもきち》の写生理論と、万葉集を尊重する万葉主義が同派の特色。

【鷗外と子規と漱石】こぼれ話

子規は、死を見据えて、生きた足跡をいっぱい残しました。五七五七七を「和歌」と呼んでいたのを「短歌」に変え、当時のお手本『古今集』を否定して『万葉集』を発掘し、日本に輸入されたベースボールを野球と訳しました。全部子規の力です。短い人生でしたが、意欲的に生きた巨人ですね。

コア 51

【風景動作】計算しつくされた「見せ場」が問われる

入試での出題例
・2019年 琉球大(前期)
・2018年 東北大(前期)
・2016年 立教大(法)

小説でいちばんヤッてはいけないことは、「じぶんでストーリーをつくる」ことです。エゴな空想で入試問題の小説を理解したつもりでいますと、「選択肢がアイマイだわ、でも、たぶんコレかな?」なんて事態になってしまいます。そこをビシッと突かれて×《バツ》。ええ、50点満点中の8点が消えてしまうように出題されているんですね。

というわけで、小説で〔設問に答えて↓正解して↓得点!〕するために、小説を読みながら、出題者が見ているところ(これを〝小説の着眼点〟と呼びますね)をチェックしておきましょう。

出題者が正解の選択肢や採点基準を作るとき、小説の中のどこを使うか、これが小説の着眼点です。4つだけ、覚えてください。

そのうちの1つめをここでマスターしてもらいます。

小説の着眼点①は、**風景動作**です。

〝悲しい〟シーンでは〝冷たい雨〟が降り、〝復活〟のシーンでは〝雲間から光が差してくる〟ように、作家が計算して書いているところのことです。

作家がドラマチックになるように、つまり計算して書いているところは、当然**その小説での見せ場**です。

出題者はそこを使って設問にしてくるわけですね。

じゃあ、僕たちもそこに注目してチェックを入れておけば、解答できるというわけです。

現実には、悲しいときに、さわやかな涼風が吹き込み元気なヒマワリがたくさん咲いてる

関連重要語句

※ここでは、過去のセンター試験で意味を問われた小説語の中から、意味を知っていれば確実に正解できたものを紹介しています。

□**放心**(1990年本試)
心を奪われたりして、魂が抜けたようにぼんやりすること。

□**異数**《いすう》(1991年本試)
「数」は等級の意味で、普通とは違った待遇のこと。また、他に例のないこと。

□**躍起**《やっき》**になる**(1992年本試)
むきになる。必死になる。

□**物心**《ものごころ》**がつく**(1993年本試)
幼児期を過ぎて、世の中のさまざまなことがなんとなくわかりはじめる。

□**不世出**《ふせいしゅつ》(1994年本試)
めったに世に出ないほどすぐれていること。

□**肌が粟**《あわ》**立つ**(1995年本試)

かもしれませんが、小説はそんなことないんだと思っておきましょう。

小説だって、当然、芸術ですから、「虚構《きょこう》」なわけです。「虚構」については、第4章でマスターしてもらいましたね。現実なんかよりも「虚構」によって、ドカンと見せ場をつくるわけです。

入試問題では、動作よりも、風景をねらってくるほうが多い気がします。特に、**色**ですね。すごくカンタンな話を作ると、「タマ子の色〝白〟なほほに〝赤〟みがさしていた」なんて書いてあったら、タマ子が好意を抱いているというシーンです。そこに傍線が引かれていて、「この時のタマ子の気持ちを説明した選択肢として、最も適切なものを選べ」なんて問われるわけです。

また、例えば、今は明るい色の服はあまり見かけません。**色は文化や時代の雰囲気を表します**。「現代はハッキリしない時代」なのだと、第2章でマスターしてもらいましたよね。小説は人間ドラマで、人間の精神は文化が作る（コア31）わけです。ですので、色を見ると、文化や精神が見えたりします。小説で風景動作に目をつけるのには、理由があるわけです。

風景動作のコア

恐怖や寒さなどによって、肌に粟のようなぶつぶつができる。鳥肌が立つ。

□**気骨《きこつ》**（1996年本試）
じぶんの信念を守り、どんな障害にも屈しない強い意気。

【風景動作】こぼれ話

泉鏡花《いずみきょうか》という作家がいました。『高野聖《こうやひじり》』や『歌行燈《うたあんどん》』など、ややマニアックな名作を書いた人です。ウサギのデザインのあるマフラーを愛用するなど、身の回り品にこだわっていました。泉鏡花は酉年生まれなので、裏干支が卯年なんですね。裏干支は生まれ年の対極（6年離れ）でして、裏干支にまつわるグッズは幸運を呼ぶと言われていたからだそうです。これも「風景動作は作家の計算」……とは言い過ぎですかね。

1 近代 2 現代 3 科学 4 芸術 5 哲学 6 文化 7 言語 8 社会 9 小説 10 読解

コア
52
【上下運動】上げたり下げたりして、ドラマを演出

入試での出題例
・2019年 中京大(法)
・2018年 熊本大(前期)
・2016年 長崎大(前期)

小説では、読みながら、出題者が見ているところ（これを〝小説の着眼点〟と呼びましたね）をチェックしておくのでした。

そのうちの2つめを、ここでマスターしてもらいます。

小説の着眼点②は、**上下運動**です。


〝最悪〟な出会いの男女（下）が、ケンカしながらも同じ仕事をする中で〝惹《ひ》かれ合って〟いき、男は「てか、付き合ってやるよ」、女は「ナニよ、あたしこそアンタでガマンしてあげるわよ」と〝恋人〟になって（上）アツアツかと思ったら、女にアラスカ赴任の辞令が出て、「ステップアップなのよね」と彼氏を棄《す》て、仕事を選び〝別れ〟（下）ました。なのに飛行機が飛び立つと、窓を眺《なが》めながら彼氏を思い出して止めどなく涙が流れるん（上）です。

……いま僕がでっち上げた話ですが、ありそうな話でしょう。


こんなふうに、上がったり下がったりして、次はどうなるんだと読者の興味をひくように、作家が計算して書いているのを上下運動と呼びます。

作家がドラマチックになるように、つまり計算して書いているのですから、**その小説での見せ場です**。

現実には、そんなに短期間で、人生が上がったり下がったりはしないかもしれません。

しかし、小説では、読者を離さないために、上下運動を起こしてインパクトを与えようとしますし、ずっと平らなストーリー展開なら、誰も読まないとも思いますよね。

関連重要語句

※ここでは、過去のセンター試験で意味を問われた小説語の中から、意味を知っていれば確実に正解できたものを紹介しています。

□**どんより**（1998年本試）
空が曇《くも》って重苦しく感じられるさま。空気などが濁《にご》って不透明なさま。また、目が濁って生気が感じられないさま。

□**小ざっぱり**（1998年本試）
飾りけがなく、清潔で感じのよい様子。

□**固唾《かたず》を呑む**（1999年本試）
事の成り行きが気になって、緊張している。

□**さめざめ**（2000年本試）
しきりに涙を流して、静かに泣くさま。

□**閉口《へいこう》**（2002年本試）
手に負えなくて困ること。また、言

入試問題では、上下運動の理由がつかめているか、ねらってくることが多いのです。

何もないのに急に良くなることはありませんし、逆も言えると思います。何か理由があるから下がるのですよね。

上がったり下がったりしたシーンに傍線が引かれていて、「なぜこのようになったのか、理由を説明した選択肢として最もふさわしいものを選べ」なんてなるわけです。

そして、文学史でいきますと（▼コア49参照）、①「写実主義」、③「自然主義」、⑤「プロレタリア文学」などは、「下」でエンディングになりそうですし、②「擬《ぎ》古典主義」、④「反自然主義」などは、「上」でエンディングになりそうな気がします。当然、キチンと読むわけですが、**五里霧中よりは予測できるほうがいいですよね**。

さて、受験生活では、成績も気持ちも上下運動があるものだと思います。しかし、ただ喜んだり悲しんだりで立ち止まらず、理由を確認して上へ進まれますよう、お願いします。

上下運動のコア

い負かされたり圧倒されたりして、言葉に詰まること。

□**難物**《なんぶつ》（２００２年本試）
取扱いの困難なものや人。手に余るもの。

□**のっぴきならない**（２００３年本試）
避けることも退くこともできず、動きがとれない。ぬきさしならない。

【上下運動】こぼれ話

「文春砲」は、文藝春秋社『週刊文春』発の暴露記事です。その文藝春秋社を作ったのは作家・菊池寛です。高松の学校を首席卒業して東大（上）。芥川龍之介の同級生でしたが、貧乏学生でしたので、学内窃盗事件の犯人にされ（下）、就職浪人もしました（下）が、貧困人生だったおかげで、売れようと頑張り、ドラマ化された『真珠夫人』によって超一流作家に（上）。同級生の名前を使った〝芥川賞〟は、文藝春秋社が若手への応援として作った賞（上）です。

コア
53

【人物相違】比較したらわかりやすくなるのは、小説でも同じ

入試での出題例

・2017年 信州大(前期)
・2015年 広島修道大(商)
・2015年 琉球大(前期)

小説を読みながらチェックする〝小説の着眼点〟。
そのうちの3つめをここでマスターしてもらいます。
小説の着眼点③は、**人物相違**です。

ここで確認です。「相」は「様子」という意味です。「相違」とは、「様子」が違うという意味になりますね。もし、「〈相対立する〉なんて言わなくても〈対立する〉でいいじゃないすかあ！」と不満を言ってる人がいたら教えてあげてください。〈相対立する〉とは、ただ対立するのではなくて、対立している「様子」のことなんですよと。

小説は、登場人物のキャラが違う様子だから化学反応が起きて、ストーリーが面白くなるんですね。

女子高生3人組の青春小説だとしましょう。1号の主人公女子が「気になる人がいるの」なんて言って〝内気でモジモジ〟してます。2号も「どうすればいいかわかんない」なんて〝内気でモジモジ〟してます。3号も「もう帰るー」なんて〝内気でモジモジ〟してます。

ええ、ストーリーが進みません！ダメでしょうね。

1号が内気でモジモジしてるなら、2号は暴走女子で「代わりに告白しといたよー」とか、3号は策略女子で「他のイケメンをそそのかして三角関係をプロデュース」とか、違うキャラにします。

……いま僕がでっち上げた話ですが、この先どうなるんだと気になる話でしょう。

関連重要語句

※ここでは、過去のセンター試験で意味を問われた小説語の中から、意味を知っていれば確実に正解できたものを紹介しています。

□**たたずまい**(2003年本試)
立っている様子。また、そこにあるもののありさまのことで、かもし出す雰囲気を意味する。

□**是非に及ばない**(2004年本試)
善悪や当否を論じるまでもなく、そうするしかない。しかたがない。

□**目を瞠《みは》る**(2005年本試)
目を大きくあけてよく見ること。

□**身の丈に合う**(2006年本試)
無理をせず、力相応に。分相応。

□**老成《ろうせい》**(2007年本試)
年を取って経験を積んだことで、熟達していること。また、年齢のわりに大人びていること。

□**名状《めいじょう》しがたい**(2008年本試)

こんなふうに、作家によってキャラの違いが計算されている設定を、人物相違と呼びます。

現実には、趣味や話が合う仲間のほうが居心地いいグループかもしれませんね。

しかし、入試問題では、「1号の人物像を説明した選択肢として、最も適切なものを選べ」なんて問われるわけです。

そのときは、**キャラクターがいちばんハッキリしない登場人物を設問にするのが入試ってものです**。今のお話で言えば、1号はあんまりハッキリしないようです。1号の人物像をどのように考えたら正解が出るのかというと、人物相違を使うわけですね。キャラクターの立っている2号と3号との違いです。「1号は、じぶんからは想いを告げられず（2号との違い）、しかし不器用で一途に想いを募らせてしまう（3号との違い）」などでしょうか。

いずれにしても、**何かと比較したらわかりやすく説明できる**というのは、小説でも有効な方法なのですね。好きなマンガや小説を思い出してみてください。人物相違でキャラ設定されていることがわかってもらえるハズですよ。

人物相違のコア

主人公
えっと…
オドオド
オー！
違いを際立たせるために登場させる
別キャラ

ありさまを言葉で表現できないこと。言葉にできない。

□**気が置けない**（2008年本試）
遠慮したり気遣《きづか》ったりする必要がなく、心から打ちとけることができること。

【人物相違】こぼれ話

小説のキャラで、トリックスターというのがあります。「カタい秩序を乱して話を展開させるキャラ」くらいの意味です。2号と3号が学校の昇降口でケンカしてます。その場面が続くとダルいので、作家はストーリーを進めたいわけです。しかし、急に「ケンカやめます。帰ります」では、読者がシラけます。そこでトリックスターの出番です。生活指導の鬼先生が「コラーッ、おまえら何してんだ！」と走ってきたら、ケンカをやめて帰りますよね。自然に話が展開するわけです。作家は、トリックスターとして鬼先生を書いたんですね。

コア
54
【複合状態】着眼点が複数あるところこそ、狙われる

入試での出題例
・2019年 筑波大（前期）
・2019年 文教大（教育）
・2016年 中京大（文）

小説を読みながらチェックする〝小説の着眼点〟の最後です。4つめをここでマスターしてもらいます。

小説の着眼点④は、**複合状態**です。

人間はそんなに単純ではありません。第2章の「現代」でも、くりかえし読んでもらいましたが、（特に現代は）人間が単純ではないのでしたよね。そうした人間（小説ですので登場人物）を、一言で説明できるなんて思わないことです。

小説とは、人間ドラマです。それで、人間の心理がわかっているかどうか、設問で試されるわけです。

しかし、心理が露骨に書いてあるなら設問になりませんよね。本文に「タマ子は悲しんだ」と書いてあって、設問が「このときのタマ子の心情を説明した選択肢を選べ」だったら、謎入試です。間違える人はいなそうです。

ですから、正解のためには、露骨に書いてない心理をつかまえなければならないのです。

ここまでに、着眼点①**「風景動作」**、②**「上下運動」**、③**「人物相違」**というのをマスターしてもらいました。

ここで仕上げです。**着眼点がひとつゲットできても、答えが出ないケース**です。一度は経験があるんじゃないでしょうか。キチンと着眼点を見つけて、選択肢を見に行った→「こんなはずないでしょ」な選択肢を消去できて、残りは2個→よく考えて「こっちよ！」と

関連重要語句

※ここでは、過去のセンター試験で意味を問われた小説語の中から、意味を知っていれば確実に正解できたものを紹介しています。

□**沽券《こけん》に関わる**（2009年本試）
品位や対面にさしつかえる。「沽券」とは、土地や山林などの売り渡しの証文のこと。転じて、人の値打ちや品位・体面をあらわす。

□**身も蓋《ふた》もない**（2010年本試）
言葉が露骨《ろこつ》すぎて、含みも何もない。にべもない。

□**差し出がましい**（2012年本試）
必要以上に他人に関与しようとし、出過ぎた感じであること。

□**通俗《つうぞく》的**（2012年本試）
世間一般で好まれるさま。あまり高度でなく、わかりやすく、俗受けすることを指す。

□**我知らず**（2014年本試）

決めた→間違ってた……。という残念な事件です。タマ子が悲しんでいることはわかったのですが、選択肢を見たら迷ってしまって、選択肢が2個残っちゃった。そこで思い出してください。決め手は、④**「複合状態」**です。着眼点1個で迷うなら、着眼点不足とわりきって他の着眼点も探します。

悲しいのは確かなんですが、本文の他の行に「少し口許《くちもと》が緩《ゆる》んだ」と書いてあれば、①「風景動作」から、タマ子が楽しんでるのも事実です。

としますと、正解の選択肢は「タマ子は悲しみながらも、その状況を楽しむ気持ちもあった」となりますね。さっきまで迷っていた「タマ子は悲しみに耽《ふけ》っている」という選択肢は、ひっかけで×《バツ》です。「楽しんでいる」がカバーされていないので、着眼点不足なわけですね。

複合状態のコア

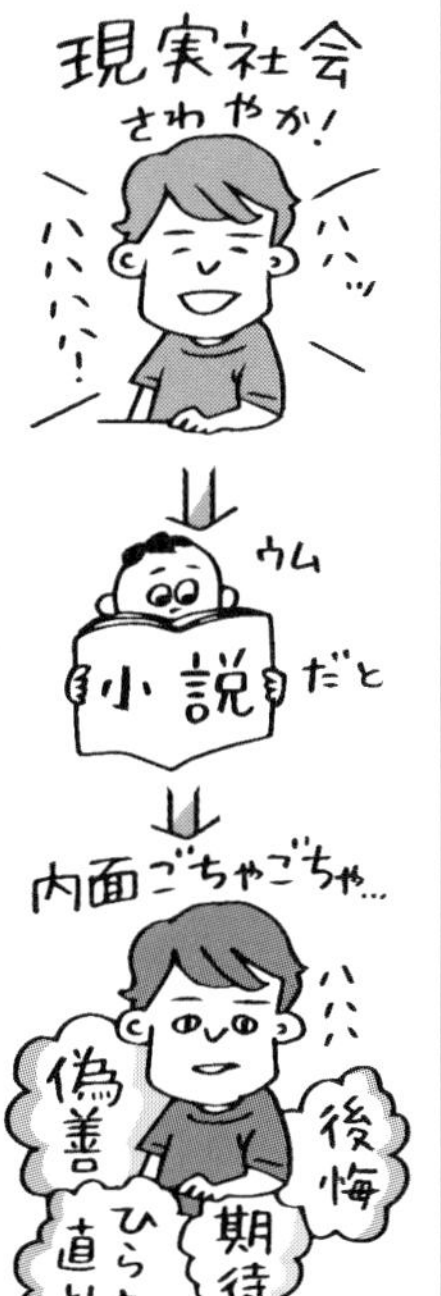

入試では、選択肢が微妙なときこそ、勝負です。

小説では特に、消去法では消えないタイプの選択肢、つまり間違いではないけど複合できないから正解でもない選択肢を消せるかが勝負なんですね。

自分でそれと意識せず。思わず。

【複合状態】こぼれ話

内向の世代と言われる作家の先生たちがいます。有名なところでは、阿部昭や黒井千次（敬称略）でしょうか。派手なストーリー展開で引きつけるタイプではありません。歴史上の有名人を主人公にして、ダイナミックな話を書くわけでもありません。ごくふつうな人の内面の繊細さを丁寧に書くタイプです。細やかに複合した心理が描かれます。沁みますね。そして、しっかり心理を押さえないと、複合状態の正解選択肢が選べませんから、入試で使われやすいんです。要注意です。

入試問題チェック

2018年東北大(前期)

ひとりぼっちで、燕ケ岳《つばくろだけ》を縦走して、**日も昏《く》れかかる**ころ、大槍《おおやり》の頂きに立ったときは、あたり一面の**濃霧《ガス》**であった。ひいやりとする岩を抱いて、ぼくは漠々とした霧のなかに、**白く輪郭だけを示して泛《うか》んでいる日輪**を、もの恋しく見つめやった。こころ細かった。涯《はて》もない岩尾根の起伏のうえに、やがて途方もなくおおきな夜がおおいかぶさろうとしている。ぼくは霧のとぎれをすかして、**下方にひろがる**槍沢の雪渓をさがした。

昨夜泊《とま》った燕山荘《えんざんそう》のおじさんが、「槍の小屋は、今日あたり下山《お》りるかもしれんじ」と言っていたが、はたして槍の『肩の小屋』には番人がいなかったのだ。登山者もひとりもいない。こんな場所でひとりで寝ることを考えると怖ろしかったが、さしせまった問題はそれどころではなかった。小屋には水が一滴もないのだ。小屋のひとが下山するとき、みんな始末してしまったらしい。とりあえず小屋からもっとも近い雪渓をさがそうと思って、ぼくは勇気をだして大槍の頂きにのぼってきたのである。

雪渓は、小屋から少し降《くだ》ったところにもにぶく光っていた。それでも槍沢の**ごろた石**の登り降りでは、往復二〇分はかかりそうに思われた。でも、ほかに方法がない。夜になるまえに雪をとってこよう。そう心をきめると、ぼくは両手で冷《つめた》いくさりにつかまり、**ねずみ色**の大槍の岩肌を(ア)みじめな気持ですべりおりた。小屋にかけもどって石油罐《かん》をさがしだし、それをリュックサックに入れて槍沢の急坂をくだりはじめた。

――すでに**暗くなっていた**。濃霧《ガス》はますますひどくなって、ふりかえると小屋のあたりはとうにかきけされている。空を見あげても、白い濃い霧がすばらしい勢《いきおい》でながれてゆくばかりだ。不安にたえかねて、ぼくはくずれやすい岩のうえに足をとめた。見えるかぎりは、岩、岩、岩の氾濫、――数かぎりない岩石が広大な槍沢の斜面をおおいつくし、おし黙ってかさなりあっている。おそろしいくらいの静けさであった。世界は音というものの存在をわすれ

北杜夫『少年』より

重要語句の確認

□**ひとりぼっち**
…風景動作
上下運動(下)

□**日も昏れかかる**
…風景動作
上下運動(上から下)

□**濃霧**
…風景動作
複合状態

□**白く輪郭だけを示して泛《うか》んでいる日輪**
…風景動作
上下運動(上)

□**下方にひろがる**
…風景動作
上下運動(下)

てしまったのではないか。ただ、生きものに似た濃霧《ガス》だけがほしいままに、岩角をさすり、地衣をぬらし、岩峰をぬいながら、割れては結び、乱れてはぼくをおしつつむのだ。

　怪異な、激越な、地獄をおもわせる別世界。

　身ぶるいひとつして、ぼくは足早に濃霧《ガス》のなかをすすんだ。

　雪渓にたどりついたときは、どんなに嬉《うれ》しかったことだろう！　しだいに濃くなった夜の肌色のなかに、かなり広い雪渓が**ほの白く冷いひかり**を放っていた。近づいてみると、**表面はうすぐろく汚れ**ていて、とび乗っても凹《へこ》むどころかガリガリに凍りついている。ぼくはザックを岩のうえにおろし、登山ナイフと飯盒《はんごう》のふたを使って雪を掘りはじめた。すこし掘ると、痛々しいほど純白な結晶があらわれてくる。それを飯盒のふたでしゃくって石油罐につめるのだ。いつまで経《た》っても、半分もたまりそうになかった。ちぎれるように手がつめたい。凍えきった手に息をはきはき、ぼくはせかせかと夢中になって掘りつづけた。息はくっきりと白く見えた。それほど一万尺の高山の空気は冷えていたのだろう。

　どのくらい経ったのだろうか。ようやく雪は石油罐に七分目くらいたまってきた。――このくらいで充分かしら。雪って奴《やつ》は溶かすとあきれるほど少《すくな》くなってしまうものだから。でも、ずいぶん重そうだ。ぼくは石油罐を持ってみるつもりで立ちあがった。ながくしゃがんでいたものだから、腰が痛かった。背をのばして、片手で腰をたたきながら、ひょいと空を見あげたのである。そして、がらりと一変した景観に胆《きも》をつぶした。

　ああ、なんという**変幻**だったろう！　あれほど渦をまいていた濃霧《ガス》は、一体どこへ行ってしまったのだろう！　霧の海は低く谿間《たにま》にしずんで、あちらこちらに峰々が突きでている。ちょうど波間にすがたをあらわす島のように――。

　空にはひとひらの雲さえなかった。満天に星がばらまかれ、槍沢の斜面のなだれてゆく正面の雲海のうえに、おおきな月がのぼりかけていた。どこか不気味な、見知らぬ遊星といっ

□**ごろた石**
…風景動作
上下運動（下）

□**ねずみ色**
…風景動作
上下運動（下）

□**暗くなっていた**
…風景動作
上下運動（下）

□**ほの白く冷いひかり**
表面はうすぐろく汚れ
…風景動作
複合状態

□**変幻**
…上下運動（上）

た印象で。ふりかえると、大檜の怪異な姿が、どっしりと黒藍色の空をくぎっている。月光がそこここの岩石にたわむれ、すべりおちてはキラキラと光った。あたかも、こぼれ散った水銀のように――。

　わずか数分のうちに、どんな**魔術**が演じられたのだろう！　ぼくは茫然《ぼうぜん》とかたわらの平たい岩に腰をおろすと、**我をわすれて極美の月を、大空一杯に陣をはる星座を見まわした**。すべてが魂を魅する妖《あや》しげなうつくしさだった――。天頂には、あのなつかしい琴《こと》座のヴェガと鷲《わし》座のアルタイルが天の河をはさんでかがやき、そのやや東方には、白鳥座のデネブが、青白色のひかりを投げていた。西空に目をうつすと、髪の毛座の星群がかすかにまたたきながら沈みかけており、南天にはS字形のさそり座がよこたわっていて、ひときわあやしいほど赤いアンターレスが息づいていた。そして、宇宙の崇高さを凝縮したかのような天の河は、ユピテルの召集をうけた神々が、天の宮殿にいそいだ道筋をそのままに示していはしなかったか。

　放心！

　ぼくはおそらくは蒼《あお》ざめて、またたきもせずしずかに首をまわし、この大景観に見とれつくした。すでに(イ)神話の世界に生きている自分をぼくは感じた。下界の意識はこれっぽっちも残っていなかった。ぼくは夢想した――ギリシャ神話のしめす、ひとつの天地創造説のことを。はじめ、渾沌《カオス》だけがあった。すなわち、さきほどまでの濃霧《ガス》の流動状態が。〈渾沌〉から〈大地〉と〈夜〉がうまれ、〈夜〉の卵から〈愛〉がうまれた。この三つが最初の存在物であったはずだ。

　……いま、鉛いろの岩たちはしずまりかえって、〈夜〉がそのうえをおおっている。雲海からのぞく黒い峰々、――それは穂高の尖頂《せんちょう》、いや、神々のつどうオリンポス山の頂きではなかったのか。そこでは神々が愛らしい女神へベの酌で神酒《ネクタル》の盃《さかずき》をあげているのだ。アポロ

□**魔術**
…上下運動（上）

□**我をわすれて〜星座を見まわした**
…風景動作
上下運動（上）

□**神話の世界**
…上下運動（上）

ンが金色の巻毛をかきあげて竪琴《たてごと》をはじくと、ムサの女神たちがそれに和して銀鈴のように唄うのだ……。

問一 傍線の箇所(ア)に「みじめな気持」とあるが、「ぼく」が「みじめな気持」になったのはなぜか。四十五字以内で説明せよ。

問二 傍線の箇所(イ)に「神話の世界に生きている自分をぼくは感じた」とあるが、「ぼく」は、なぜ「神話の世界」に生きていると感じたのか。四十五字以内で説明せよ。

! 注目ポイント

小説を読んでいくときには、4個の着眼点があるんでしたね。着眼点となるものを、文章の下に並べました。

文章の初めから、どんどんと下げ方向でストーリーが進んでいますね。しかし、小説ですので、下がったら上がるわけです。〝上下運動〟っていう着眼点でした。

ただ、小説の着眼点には〝複合状態〟もありました。単純に下から上ばかりではありません。18行目で、「ほの白く冷い光」かなと思って近づいていたところ、「表面はうすぐろく汚れ」ていましたね。

そして、39行目の「変幻」以降、イッキに上げ方向になります。景観ががらりと一変したことにも注目しましょう。

1 近代 2 現代 3 科学 4 芸術 5 哲学 6 文化 7 言語 8 社会 9 小説 10 読解

解説

ぼく（主人公）はひとりで山登りをしています。槍ヶ岳に登ると濃霧でして、霧の中に白い輪郭の太陽を見たりしていました。

ところが困ったことに、山小屋には番人もいなくて、水がまったくないのが致命的です。しかたがないので、雪を運んできて（溶かして）水分を確保しようというのはいいのですが、雪のありかに行くには、かなり歩きづらい山道を行かなければなりません。雪を積む石油罐をリュックに入れて、急坂をおりているうちに暗くなり濃霧もひどく、ふりかえっても山小屋が見えません。

足場の悪い山道を行くと、ようやく雪のありかにたどり着きました。そのときには、うれしさのあまり、雪が白く冷たい光に見えたものです。しかし、近づいてよく見ると、雪の表面はうすぐろく汚れていました。人間が生きるって、そんなに単純でもないんですよね。

水にするための雪を積んでいるうちに、さっきまで視界を奪っていた濃霧が消え去っていました。そうしますと、夜空には星座がキレイに見えています。ついうっとりとして、ぼくは人間の世界なんかじゃなくて、神話の世界を想っていました。ギリシャ神話では、カオスからはじまって天地創造されたと。さっきまでの濃霧とカオスが重なっていたわけですね。

解答

問一 水が全くなく、山小屋の番人が不在なので、雪を取りに暗く不便な道を一人で行く必要があるから。（45字）

問二 濃霧が消えてあらわれた星座に我を忘れて見とれつくし、下界の意識も完全に消えていたから。（43字）

もうひとつ、チェック

傍線部(ア)の後ろに「すべりおりた」と書いてありますから、氷を積みに行くときの気持ちを記述しますね。これで満足せずに字数と得点をアップさせましょう。

何もなければ動作は起きませんので、前の段落に書いてあった「番人がいなくて水もないから」をプラスしておきましょう。

傍線部(イ)は、下がってたとき（変化の前）から神話へ上がった（変化の後）理由を記述するわけです。傍線部(ア)から傍線部(イ)の前までを押さえることと、傍線部(イ)の後ろに「下界の意識はこれっぽっちも残っていなかった」と書いてあるのを押さえて記述しましょう。

第10章

読解

[Comprehension]

・そもそも読解とは
・実例のフォーメーション
・一般論
・くりかえしひっくりかえし
・ニュアンス
・作問者の視点

コア 55
【そもそも読解とけ】
正解を決めているのは作問者なのです

入試での出題例
・2020年 同志社大(理工)
・2019年 千葉大(前期)
・2019年 早大(文化構想)

現代文は、読解問題が解けて正解するかどうかで決まります。

確かに、入試問題全体を見ますと、漢字問題や知識問題もあるにはありますが、配点としてはかなり低いのです。いくつか間違えても、そんなに合否には響きません。もっと言いますと、漢字や知識は、知ってるかどうか系でしょう。入試当日に知らないものは知らないわけで、そこで合否が決められたらちょっとツライです。

しかし、現代文はそんなのじゃありません。**入試当日に、読解して正解して、きちんと点数が取れたら合格するわけです**。

で、読解問題ですが、課題文（本文と呼ぶ人もいます）の大切なポイントがわかりましたか……と試されます。大切なポイントをつかめる人に大学に入ってもらいたいからですね。

世の中には、「ココ大切！」ってところと、流さなきゃいけないところがあり、特に現代は情報過多ですので、区別する目が必要です。大学は、現代文を使って、区別する目があるかどうかの視力検査しますよと。視力が悪い人だと、もし入学できても学問が見えませんし、大学の先生も視力矯正《きょうせい》（基礎的勉強の補習）してる場合じゃないんですよね。

読解の問題は、種類が限られています。文の右側に線を引いて問題にする「**傍線問題**」、文の一部を隠してくる「**空欄《くうらん》補充問題**」、課題文にほんとうに書いてあったかどうかを確認する「**内容一致問題**」、全体の理解を試す「**主旨判定問題**」……。これらで9割をはるかに超えますね。

関連重要語句

□**設問**
課題文（本文）の理解を試す問題全般のこと。基本的には文中の要点が理解できたかどうかが試され、正解できたら得点できる。

□**傍線問題**
英語などだと横書きなので下線部になるが、現代文は縦書きなので、こう呼ぶ。傍線部の説明を求められたり、傍線部の理由が聞かれたりする。

□**空欄《くうらん》補充問題**
語句を入れるタイプと接続語を入れるタイプがほとんど。空欄の数と選択肢の数が一致していたら、全問正解が必須。まれに、空欄の中を並べ替えさせられることもある。

□**内容一致問題**
選択肢に示されている内容が、課題文（本文）に書いてあるかどうかの判定が試される。選択肢ごとに正誤誤解しちゃいけないのは、**「作問者が正解を決めている」**という一点です。言い直せば、どこが大切なところで、文中のポイントなのかを決めるのは、じぶんではなくて（じつは元《モト》本《ホン》の著者でもなくて）、作問者である大学の先生だということです。

じぶんとしてはイマイチに見えるかもしれないけど、「設問になってるんだから、ここの話は大切なんだ」と。

このように、**入試の現代文では、作問者が正解を決めていることを確実に頭において、「聞かれていることの答えを探すために読解」することが必要なんですね。**

現実の入試問題は厳しいです。時間制限がありますし、選択肢や記述問題のネライが微妙ということもいくらでもあります。それでも現実に合格しなきゃいけない。

だからこそ、**「作問者が決めている正解を探すために読解」して、モリモリと得点を稼いでいく。**そういう根本姿勢を徹底してください。

そもそも読解とはのコア

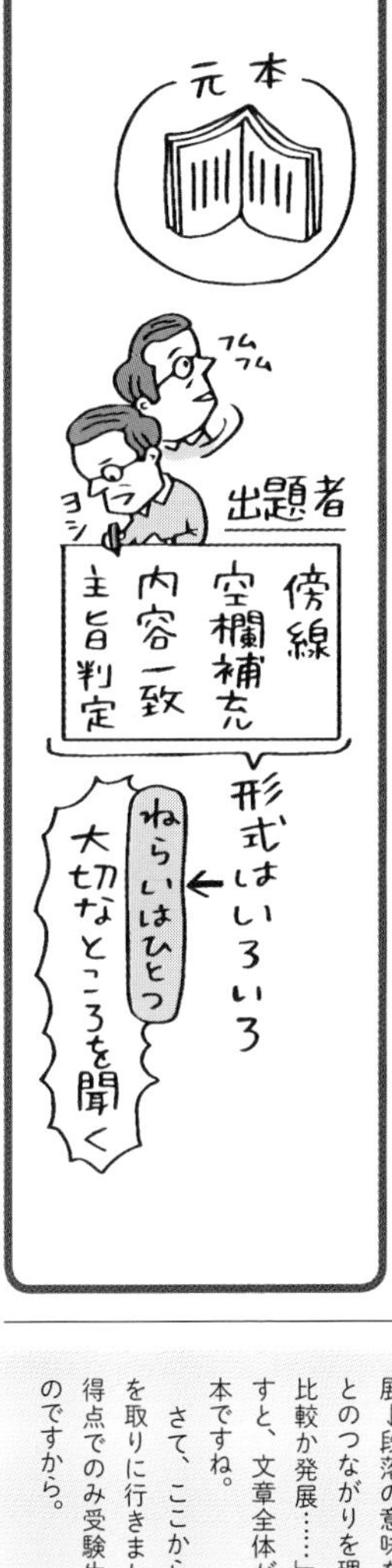

を答えたり、間違いを探すタイプもある。「主旨」とは言っていないので、重要度が低いとしても書いてあれば正解とせねばならない。

□主旨判定問題

課題文（本文）のメインテーマが理解できたかどうかが試される。いくら書いてあったとしても、重要度が低いと不正解となる。

【そもそも読解とは】こぼれ話

「読解力」は、得点で証明されます。「一文を理解→次の文とのつながりを理解→つながりは比較か発展→段落の意味を確認→次の段落とのつながりを理解→つながりは比較か発展……」これをくりかえすと、文章全体が理解できる。基本ですね。

さて、ここからが入試です。点を取りに行きましょう！　大学は得点でのみ受験生を判断しているのですから。

コア
56

【実例のフォーメーション】実例は、大切な話にひっつけられる

入試での出題例
・2020年 上智大(法)
・2019年 青山学院大(文)
・2018年 早大(教育)

「実例があったら、強制的前チェック！」コレ、読解のマストアイテムです。

現代文とは、僕たちが知らない大切なことがあり、筆者は伝えたいから本を出版しているんですが、その大切なことは僕ら読者にはムツカシイわけです。

そこで、わかりやすくするために、筆者は見本を示すんですね。ムツカシイことをカンタンな話で言い直すのです。

大切な話をする。**その大切な話に実例をひっつける。**

逆に言いますと、実例が出てきたら、その前は大切な話をしていたハズです。最初に読んだときは大切な話に見えなくても、**「実例があったら、強制的前チェック！」**してください。

実例には、**「例えば」「名前」「ある」**の3つのサインで気付きましょう。

現代文に「例えば、金銀苔石は取材費用が高額だとの話がある。」なんて出てきたら、〝オッ、**「例えば」**か！ 実例だ！ 強制的前チェックしとくゼ〟と反応します。お宝ゲットできました。問題を解くときに、ソコ使いそうですよ。

他の反応もあります。〝オッ、金銀苔石だ！ お寺さんの**名前**だ！ 実例！ 強制的前チェックしとくゼ〟もイイですね。

しかし、〝金銀苔石ってナニ？〟でも大丈夫。そこで反応しなくても、「例えば」で反応したらいいんですし、前チェックが大事なので、金銀苔石は知らなくてもいいんです。

「ある企業では」などとあったら、〝オッ、**「ある」**か！ 実例！ 強制的前チェックしとくゼ〟です。「ある」は実例発見サインですが、文のはじめにも終わりにも使います。さっき

関連重要語句

□例えば
今から前の話の見本を出すというサイン。これを見つけたら、その前を確認できるわけだが、空欄《くうらん》補充問題にされて、隠されることもある。

□名前
基本的には、今から前の話の見本を出すというサイン。
参ただし、名前とはいえ、正岡子規《まさおかしき》あたりだと、その人をテーマにした現代文もあり得ることは注意しておきたい。

□ある
英語で言えば、a か an であり、the ではない。今から前の話の見本を出すというサイン。この場合、一文のはじめに使う。そのほか、文の最後で使うこともある。

□指示語
前を指し示す言葉の略なのだが、現

の例文を思い出しましょう。「例えば、金銀苔石は取材費用が高額だとの話がある。」でしたよね。文の終わりが**「ある」**です。

ただし、実例はずっと続きはしません。どこかで、実例は終わり、大切な話がまとまって、次の大切な話に移るわけです。

実例の終わりにどうやって気付くのか。それは、**「指示語」**です。指示語は前の話をまとめるサインです。「要するに」「つまり」なんて、他にもサインはありますが、いちばん使えるのが「指示語」なんですね。

まとめますと、**大切な話をして、実例出して、指示語を使ってまとめを書きます**。

もし、実例の前に傍線部があったらムツカシイですよね。そしたら、指示語まとめを読みます。わかりやすく解けますよね。

このように、**実例のフォーメーション**に気が付くと、解くのが早くラクになるわけです。

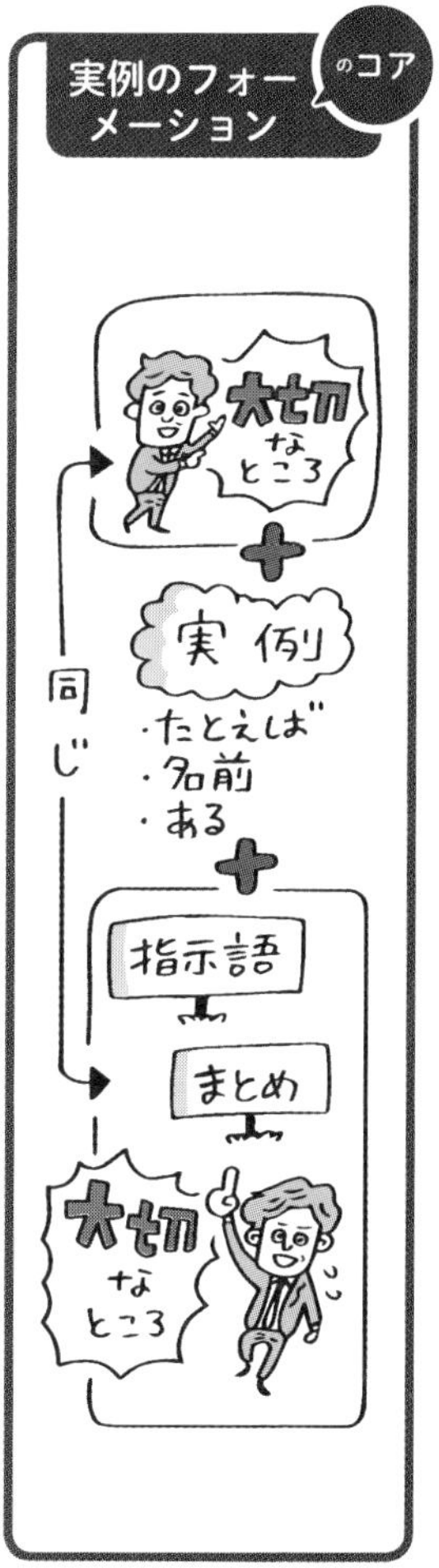

代文では、今から前の話のまとめをするというサイン。実例の終わりに使うことが多い。

【実例のフォーメーションこぼれ話】

現代文で、突然話がわからなくなることがありませんか。活字がぜんぜん頭に入ってこないといいますか。時間制限が気になります。そんなときは、早く指示語に辿りつきましょう。指示語まとめをいただくんです。まとめが理解できたなら、その前の〝ぜんぜん頭に入ってこない話〟も理解したことになりますよね。そこでもう一度読み直したら、わかりやすくなっているでしょう。

気になると申し訳ないので、付け足しますが、金銀苔石とは、京都にある高名な4寺院の略称です。金閣寺、銀閣寺、西芳寺（苔寺）、龍安寺（石庭が有名）のことです。

コア **57**

【一般論】一般論をひっくりかえしたところに筆者の主張あり

入試での出題例
・2019年 東京経済大（経済）
・2019年 日大（芸術）
・2015年 奈良教育大（前期）

「文章を読みながら、大切なところに線をひっぱっておくゾ！」というのは、現代文で大切な読解作業ですね。

問題なのは、**線をひっぱったところが、ほんとうに大切なところかどうか**なんですね。しっかり読んでいきました。真面目にやってます。「よし！　ここ、大切なところっぽいぞ、線をひくゾ！」と頑張ったのに、いや頑張ったから、解きにくくなっちゃうという困った事態があるんです。

それは、大切なところをじぶんで決めちゃったからですね。真面目に頑張ってくれてる受験生は、ちゃんとした人でしょう。つまり、一般的な常識を持ってる方なんです。

もともと、専門家や研究者が書いた研究論文が本になり、その本から抜粋した一部分が、現代文の課題文として出題されるんですね。研究者は、ふつうの人が知らないことを研究論文として書き、発表しています。

つまり、**現代文は、僕らに馴染《なじ》みのないテーマが多くなるわけです**。

ここで、ズレるわけですよ。受験生が「大切なところっぽいぞ、線をひくぞ！」と見たところは、筆者には大切なところではないのですね。その**ズレたところに線をひっぱっていても、問題が解けるポイントを押さえてはいない**んです。

このように、僕らの思い付く一般的な常識は、研究論文のメインテーマつまり大切なところではありません。ふつうの内容や一般論しか書けないなら、本を出版しないだろうとも言えます。

関連重要語句

□**研究論文**
研究論文には、大きく分けると、著者独自の研究をまとめた原著（ジャーナル）論文と、先行研究をまとめた総論（レビュー）論文の2種類がある。

□**多数派**
属する人数が多い方の派。マジョリティ。
⇕少数派

□**ふつう**
特に変わっている部分がなく、ごくありふれたものであること。また、そのさま。

□**常識**
一般的な社会人が持つべき知識や行動様式のこと。時代・地域・社会階層が異なれば通用しない常識もあり、相対的な部分を多く含む。
㊜もともとは、人間が共通に持って

ですので、**一般論は大切なところじゃありませんが、現代文では一般論を発見しておくと効果的です。**

筆者は、一般論じゃない話をしますから、**一般論をキャッチしたら、それをひっくりかえしてみるんです。そうしたら、筆者の主張が見えてきます。**確かな予測ができるんです。そのためにも、一般論は発見しておきたいわけです。

発見のためのサインはもう決めておきましょう。**「多い」「常識」「ふつう」「一般」「傾向」「主流」**なんて出てきたら、一般論のサインです。

例えば、現代文で「一般常識としては讃えられる傾向があるだろう」なんて一文を発見したら、イケますよね。筆者は「讃えられるのはオカシイ」と言いたいわけです。

一般論をひっくり返すと筆者の主張が確かな形で見えてきます。予測可能ですね。

いる感覚のことを指し、18世紀イギリスの哲学者・リードはこの感覚に基づく根本原理を「常識の原理」として、諸学問の基礎としようとした。

【一般論】こぼれ話

面白いとかオカシイというのは、ふつうじゃないという意味ですよね。ふつうを知らないと、ふつうじゃないことを言うことはできません。研究者はふつう（レビュー）を知った上でふつうじゃないテーマ（ジャーナル）を追います。これって、芸人さんと似てる気がします。面白オカシイ話をするために、あえてふつうじゃない話をするのがボケ担当。ツッコミ担当がふつうサイドですね。ふつうを知らずに面白いことはつくれないんです。

コア 58

【くりかえしひっくりかえし】言葉を変えてくりかえし、ひっくりかえして比較する

入試での出題例

・2017年 上智大（経済）
・2016年 関西大（法）
・2016年 一橋大（前期）

大切なところはくりかえします。念押しです。

テレビのコマーシャルでも、何度も見てもらって頭に残すのが狙いですし、直後にくりかえす露骨《ろこつ》なものもあります。

僕らの日常会話でさえ、念を押すことはありますね。ましてや日常ではないテーマを書いた研究論文です。読者にどうしてもわかってもらうには、一度書いただけではダメだろうと思っているのが筆者です。二度書いてもまだまだ不安でしょう。

としますと、課題文で、何度も出てくる話が強調されている大切なところは、メインテーマなんだと判定できます。そこは当然、設問に使われますよね。

ただ、くりかえして書くときに、筆者は全く同じ言葉は使いません。いろいろな表現を使いながらくりかえして、どの表現かでわかってくれ！　とやるわけです。

もし、全く同じ言葉なら、「ハッ！　またコレだ」と単純です。でも、研究者はいろいろな言葉をご存じですし、読者にどれがピタッとくるのかは逆にわからないため、言葉を変えてくるわけです。これも筆者と受験生とのズレかもしれませんね。

というわけで、くりかえしを発見するときも、サインです。

① **実例の前と実例で〝くりかえす〟** ② **「つまり」の前後で〝くりかえす〟** ③ **指示語のまとめで〝くりかえす〟** ④ **「やはり」のまとめで〝くりかえす〟** ⑤ **「そして」のまとめで〝くりかえす〟** ⑥ **次の話題に変わる前で〝くりかえす〟**この6つのサインで、かなり発見可能です。お宝ゲットできます。

さらに、筆者は、**大切なところを強調するために、ひっくりかえしも使います。**

関連重要語句

□**因果**
原因と結果。事象を成立せしめるものと成立せしめられた事象。

□**順接**
二つの文または句が接続するとき、前の部分が後の部分の原因・理由などになっているもの。「順態接続」の略。
参例えば、助詞「ば」を用いた「犬も歩けば棒に当たる」や、接続詞「だから」を用いた「お腹が空いた。だから力が出ない」のような表現を指す。

↔

□**逆接**
二つの文または句の接続方法の一種。先に述べた条件と予想外の結果を結びつける場合を指す。「逆態接続」の略。
参例えば、助詞「ても」を用いた「時間があっても、勉強しない」や、接

第6章「文化」でマスターしてもらったように、何かをわかりやすく説明するためには、比較が有効なんでしたね。

友達が「53点だよー。おれスゲー」と喜んでたら、「……。53点スゲーのかな……」と、いぶかしく思ってしまいますよね。でも平均点が17点だとしたらどうでしょう。53点と17点とを比較して、友達がかなりスゲーのがよくわかります。

なぜ比較するかというと、わかってもらいたい大切なところを話してるからですよね。ただ53点と言ったのでは、スゲー度合いがあまり伝わりませんからね。

このように、**課題文で比較しているときは、大切なところが出ているわけで、メインテーマが判定できます。**

というわけで、ひっくりかえしを見つけるときも、サインです。

①**逆（態）接（続）で"ひっくりかえす"**②**話題転換で"ひっくりかえす"**③**主語が登場して"ひっくりかえす"**この3つのサインでかなり発見可能です。お宝ゲットできます。

くりかえしひっくりかえしのコア

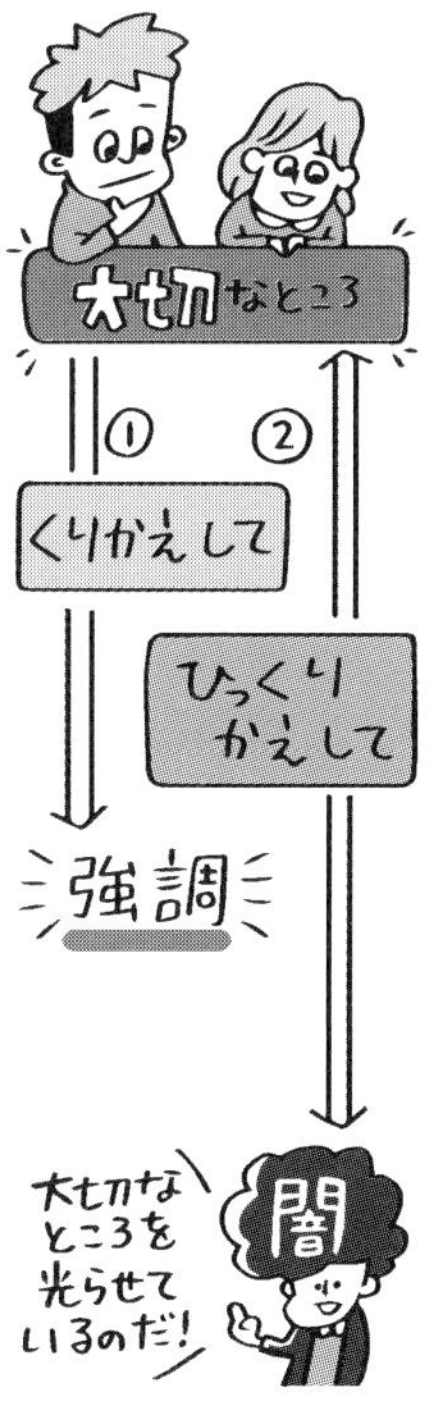

続詞「しかし」を用いた「雨が降った。しかし、遠足に行く」のような表現を指す。

□**敷衍《ふえん》** 述べたことをさらに展開して説明すること。言葉や意味を押し広めて説明すること。

【くりかえしひっくりかえしこぼれ話】

日本語は主語を省略すると言えば、誤解を招きそうです。日本語は、話の主役を変えるときに主語が登場するんです。主語は主役を示します。例えば、「兵頭先生どちらへ？」と聞かれたら、「僕は図書館に行きます」とは答えません。「図書館に行きます」でいいですよね。そしたら、「私は学食に行きます」と、聞いてきた人もどこに行くか教えてくれました。主語を言いましたよね。「図書館に行きます」「学食に行きます」では謎のバトルです。話がひっくりかえるときには主語が登場するんです。

コア59

【ニュアンス】ハッキリ示されていないところは問題にしやすい

入試での出題例

・2020年 一橋大(前期)
・2018年 東大(前期)
・2017年 中央大(法)

言葉には、「**ニュアンス**」があります。**微妙な意味合いとか、言外に表された話し手の意図のこと**でしょう。格好良く言うと、**言語感覚**だそうです。

コア34で確認しました。日本は感覚的文化で、仲間内だと全部言わなくてもわかるのです。ただ、今は仲間内が狭くなったり、言葉があまり丁寧に使われてないかもしれませんね。メールでもLINEでも、文字だけではなくて、絵文字やスタンプが使えます。あれがニュアンスを伝えるヘルプをしているのでしょう。文字だけで送信して、じぶんの意図が相手に伝わらないと、「なんか怒ってんの?」と思われちゃったりします。文字とともに〝ニコッと笑顔の絵文字〟を付けたら、ニュアンスが伝わるわけですね。

そんなふうに、言葉が弱い状況です。はっきり言葉で書いても伝わらないかもしれないのに、**言外ということは、言葉ではっきり示していない意図があるということです**。これをどうやってつかむのかが読解のカギですね。

① **その言葉の登場する「周りの空気」から意図をつかむ**

例えば、「ばかやろう」なんて、あまり良い意味じゃないですよね。でも、こんな場合ならどうでしょうか。問題児だった生徒が逆転合格の報告に来ました。「先生、あたし迷惑な子だったね。ゴメン」と涙でした。先生も「ばかやろう」と泣いてしまいました。この「ばかやろう」は悪口ではありませんよね。

② **語法構文から意図をつかむ**

じぶんがふだん使ってる言葉の性格は、あまり意識しないものです。

関連重要語句

□**語法**
言葉の使い方。表現法。文法が単語どうしや節どうしのつなげ方の汎用《はんよう》的な規則を意味するのに対し、語法は慣用句などの単語のまとまりを、特定の場面でどのように使うかという使い方を意味している。

□**構文**
文の構造。決まった表現文型。述語に使う語を基準にすると、日本語の文は動詞述語文・形容詞述語文・名詞述語文の3つに分類することができる。

参動詞述語文は「石川先生は本郷に行きました」のような述語が動詞の文、形容詞述語文は「その歌声はとてもきれいです」のような述語が形容詞の文、名詞述語文は「佐藤康光先生は連盟の会長です」のような述語が名詞の文である。

その言葉の性格を語学っぽく「**語法構文**」と言ってみます。英語だとたくさん勉強しますよね。日本語でも意識してみると、効果的ですよ。

例えば、「Aするはずだ」と「Aするべきだ」のニュアンスの違いは、意識できるでしょうか。「はずだ」も「べきだ」もどちらも未達成です。「はずだ」は、正しいかどうかは関係ないんですが、「べきだ」は正しいことに使います。「彼は着いたら水を飲むはずだ」なら、水を飲むのは未達成で、正しいかどうかはわかりません。一方、「彼は着いたら水を飲むべきだ」なら、水を飲むのは未達成で、水を飲むのが正しいことです。真夏で外は熱中症の危険がある感じですね。

課題文に「Aするはずだ」と書いてあるのに、選択肢が「正しい行動はAだという筆者の主張が示されている」となっていたら、語法構文で×《バツ》！　と対応したいですね。

語法構文を含む「ニュアンス」は、受験を超えてミスの許されないものです。現代文でたくさん勉強しておきましょう。

□コンテクスト
▼112ページ参照

【ニュアンス】こぼれ話

僕が受験生のときの話で恐縮です。傍線部「せめてAしたい」どんな気持ちか……という記述問題の解答で、予備校の先生が「Aは、実現可能であるが最低限の望みであろう、そこを汲《く》み取って書くように」と解説してくれました。ゾッとしました。すごい……。この体験があったので、学部生のときに専攻でもないのに、日本語の語法構文を勉強してみました。受験生時代は気持ちが張り詰めます。そこにピシッと感じるものがあれば、学問の入口に立たせてくれます。受験勉強、意味が大きいです！

コア 60

【作問者の視点】ムツカシク見せる技を知って対策を立てる

入試での出題例
・2020年 立命館大(文)
・2019年 岡山大(前期)
・2016年 同志社大(文化情報)

作問者の仕事は、受験生に「ムツカシク見せる」ことです。

皆さんが進学したいし進学するべき大学は、倍率も偏差値も高くて、たいへんな入試です。そういう大学の入試問題作問者は、**点差がついて合否が分かれる問題を作る**わけですね。

しかしながら、誰も知らない知識を問題にしても全く差がつかないので無意味ですし、読解問題でムツカシクするのにも限界があります。つまり、作問者は「ムツカシク見せる」技を使ってくるわけです。だからこそ、その「ムツカシク見せる」技を知っておきましょう。点差がつき合否が分かれる問題をどうやって作ってるかを知っておけば、正解が出せますから。

「ムツカシク見せる」技6種類です。

① **受験生に馴染《なじ》みのないテーマの文章を使う**
② **馴染みがありそうだが、意外な展開になる文章を使う**
③ **くりかえし書かれてる中でもいちばんムツカシい表現のところに傍線部を作る**
④ **課題文のお宝ワードを空欄《くうらん》で隠す**
⑤ **消去法で解いても、選択肢が2個残るようにする**
⑥ **記述でかんたんに得点が取れないようにする**

以上ですね。「対策」を立てておきましょう。

①・②の対策は、本書です。馴染みのないテーマがなくなるようにして、意外な展開につ

関連重要語句

□馴染《なじ》みのないテーマ
一般的には、「科学」「芸術」「言葉」が馴染みのないビッグ3といわれる。本書では、第3章・第4章・第7章。

□意外な展開
突然話が飛躍したり、途中から急についていけなくなるような文章構成。

□消去法
選択肢の良くない点を発見して、正解候補から消去する解き方。良くない点といっても、露骨《ろこつ》に間違えていることもあれば、部分化したり一般化していることもある。反対の言葉は積極法。予め考えた解答に近い選択肢を、いきなり選ぶ。

□記述問題
基本的にはかなり配点が高いと思われる。○か×かではなく、部分点もある。ふつうに書ける内容で書き終えてしまうと、部分点は低くなる。

いていけるようにコアをマスターして、意外をなくしましょう。
③の対策は、くりかえされている部分の発見でイケます。傍線部と同じ話が他のところにあれば、そちらはやさしい説明のはずです。傍線部じゃないほうに注目します。
④の対策は、発想の転換です。空欄に何が入るかではなくて、空欄に何が入ったらうまくいくかを考えます。そのためには、空欄の前後の話を確認します。そこにうまく入る言葉を選べば〇《マル》です。選択肢にレベルの高い言葉が並んでたら、本書の出番です。
⑤・⑥の対策は、大人度です。お宝をひとつゲットしただけの段階で解きにいってるのです。ひとつゲットしたお宝は、間違えてないから、選択肢が何個か消せたんです。間違えてないから、記述問題の得点がゼロじゃないんです。ただ、お宝を拾い切れてないわけです。ひとつで答えが出なかったら、他のお宝も探してから解きましょう。コア54と同じです。ひとつゲットしても辺りを見渡す余裕《よゆう》が大人度だということです。
このように、ムツカシい問題には理由がありまして、対策を立てたらキチンと対応可能だというわけなんですね。

作問者の視点のコア

□発想の転換
問題は解かされると思っているとキツいが、課題文（本文）の中の大切なところを教われると思えたら随分違う。要点理解を試すのが設問なのだから、問題になってるのは大切なところだと言える。

□大人度
現代文に限って言えば、そこそこの年齢の大人が解けば破滅的な得点になることはあまりない。視野が広いというか、うまそうな話に用心できるというか。参考にしてもらえたら。

【作問者の視点】こぼれ話
忘れてはならないのが、配点です。合否を分ける設問の配点は高いでしょう。試験には時間制限があります。同じ5分使うなら、3点の設問より、7点の設問に使ってください。キレイごと言っても、合格しなきゃ仕方ありませんので。

入試問題チェック

2019年早大（文化構想）

加藤周一「明治初期の文体」より

社会的変化の速さ、変り身の素早さ、基準枠の転換の唐突さは、一方で西洋人の知識や制度を全力を挙げて学習し輸入することを意味すると同時に、他方ではそれを消化するために受け手の側の状況や文化的伝統とそれを関聯させる必要をも意味する。日本社会にとっての新しい秩序は、つくられなければならなかった。ナポレオン法典は訳されなければならず、**資本主義**と工業化は促進されなければならない。政治制度については、西洋の先進国が一様でなく、絶体王制あり、立憲君主制あり、共和制あり、後発の国民国家が採った立憲王政にも、プロシャ型官僚国家があり、イタリア型自由主義国家があった。「**富国強兵**」を目標とする指導者の多くが効率的であるとみなしたのは前者であり、「自由民権」派が主張した体制は後者にちかい。

しかし**「西洋モデル」**で変革を進めようとしたのは、**旧体制**のもとでの支配階級武士層であって、体制を内側から揺がした農民ではない。世襲の身分制を廃しても（「西洋モデル」）、社会の「タテ構造」はできる限りそれを保存するはずであり（伝統的構造）、新しい思想と制度を採用しても、それと旧体制の「イデオロギー」＝儒教的価値体系との折り合いを、すなわち可能なかぎりでの新思想の旧体系への組み込みをもとめるはずであった。しかもそれだけではなく、権力機構内外の知識人が大衆へ訴えるためには、新思想を従来の参照基準、その語彙や比喩を用いて、大衆の理解できるものにする必要もあった。要するに新秩序の導入が急であればあるほど、旧秩序の活性化とその利用の必要も大きいということになる。

現にたとえば、幕府の青年儒者が一八六六年（慶応二年）に三十四歳で英国留学を志したとき、その上司を説得するために展開した議論はどういうものであったか。中村正直の「留学奉㆑願候存寄付書」は、「通㆓天地人㆒謂㆓之儒㆒」ではじまり、天の覆うところは中国だけでなく、地は西洋にもつづき、そこには西洋人が住んでいるのだから、「儒者分内の事」と

重要語句の確認

□**資本主義**
⬇14ページ参照

□**富国強兵**
国の経済力と軍事力を高めること。

□**西洋モデル**
⬇コア01参照

□**旧体制**
革命以前の制度や社会。アンシャンレジーム。
＝旧秩序

□**仮託《かたく》**
他の物事を借りて言い表すこと。また、事寄せること。

□**相剋《そうこく》**
対立するふたつのものが、互いに相手に勝とうと争うこと。

して西洋学も必要である、という。そのとき彼がほんとうにそう考えていたかどうかは、ここでの重要なことではない。重要なのは、儒と西洋学を関聯させることが、英国留学生を択《えら》ぶ当局を説得するのに、有効な戦術だと彼が考えていたということである。英国留学から帰った彼は、在留外国人の建言に**仮託**《かたく》して、天皇の受洗の必要を説くところまでゆく（「擬二泰西人上書一」明治四年頃）。「受洗」が儒教的世界観と何の関係ももたぬことは、いうまでもない。

このような「西洋モデル」の社会的変革が内包する矛盾・**相剋**《そうこく》・妥協は、当時の文体にも、——というよりは殊に当時の文体に、その複雑な諸相として、しかし鮮明な特徴として、反映していた。

問 傍線部「新秩序の導入が急であればあるほど、旧秩序の活性化とその利用の必要も大きい」とはどういうことか。その説明として最も適切なものを次の中から一つ選べ。

イ 伝統的構造が転換されたのは支配階級武士層が求めたからであって、新しい思想は従来の語彙や比喩で語られることによってむしろ活性化した。

ロ 「西洋モデル」を「タテ構造」の中に保存するには、世襲の身分制との折り合いをつけることによって、それらを社会に対置するしかなかった。

ハ 新秩序を導入するためには従来の参照基準をもちいて大衆が理解できるよう説明する必要があり、その意味で旧体制の利用価値も大きかった。

ニ 西洋人の知識や制度を学習して「西洋モデル」による変革を急速に進めるには、権力機構内外の知識人との交流を目指す以外に方法がなかった。

ホ 儒教的価値体系を近代社会から放逐するには新しい思想と制度を導入する必要があったが、近代的変革にはむしろ旧秩序の活性化が求められた。

! 注目ポイント

4行目に「ナポレオン法典」と書いてありますね。18行目には「たとえば」と書いてあります。どちらも「実例」が始まるサインです。ここにピンときてください。実例ですので、強制的前チェック！するわけです。「ナポレオン法典」の前は、「日本社会にとっての新しい秩序は、つくられなければならなかった」ですね。ここは大切なんです。「たとえば」の前は、アラ、傍線部ですよ。さすが狙ってきますね。ここは大切なところですので、理解できたかを試されたのでしょう。

さて、実例はどこかで終了します。「指示語からのまとめ」が出てきたら、その前で終了ですが、「たとえば」の次の段落は「このような」でスタートしています。

ここで実例のフォーメーション完成ですね。

解説

近代の日本では、西洋人の知識や制度を全力で学習して輸入したので、素早い変化を達成しました。こうして、日本社会の新しい秩序がつくられたわけです。

ただ、その「西洋モデル」で変革を進めようとしたのは、旧体制の支配階級つまり〝士農工商〟の武士でした。そうじゃない階級のほうが多数に決まってますね。明治のエライさんや知識人は、多数つまり大衆に、「西洋モデル」を訴えていかねばなりません。そのためには、大衆でも知ってるネタを使って〝それと似てるんだよ、わかるよね〟とやっていきました。たとえば、西洋モデルの新聞は〝江戸のお触れ書きに似てるんだよ〟などです。似ているものを利用して理解倍増というのは、めちゃめちゃ使える方法なんですね。

とはいいましても、日本と西洋とは違いますから、当時から矛盾やら相剋やらが当然ありました。新しい概念が輸入されたとき、似ているもので理解はできても、はっきりと定義していないとほんとうはダメだからですよね。初めは矛盾に苦しんでたわけです。

解答

ハ

傍線部の直前に「要するに」と書いてありますので、傍線部は前の話のまとめです。前の話とは、「知識人が大衆へ訴えるためには、新思想を従来の参照基準、その語彙や比喩を用いて、大衆の理解できるものにする必要もあった」ということでした。このお話が傍線部の意味でないとしたら、「要するに」が成立できなくなっちゃいます。というわけで、選択肢を見ましたら、ハが○なのはわかりますね。イは、「支配階級武士層が求めた」で×。ロは、「世襲の身分制との折り合いをつける」で×。ニは、「権力機構内外の知識人……以外に方法がなかった」で×。ホは、「むしろ旧秩序の活性化が求められた」で×です。

もうひとつ、チェック

選択肢のイ、ロ、ホに注目してくれますか。似たような×なんですよね。イが「支配階級武士層」、ロが「身分制」、ホが「旧秩序」です。コレ、江戸までのエライさんのことばかりですよね。正解を選ぶカギは、「大衆」だったのですが、大衆を説明している選択肢はハ1個だけです。大衆じゃないほうがいっぱい出てきてます。

人間は多数決に弱いところがあります。ですので、エライさんを説明している選択肢が多数決になってるとき、そちらに心を奪われないでくださいね。

意味付き索引

重要語句の検索に使うだけでなく、日々の学習や入試直前のチェックにも役立ちます。

アルファベット

□ **DNA** ……52
生体の遺伝情報を保持している物体。二重螺旋《らせん》構造をとる。

□ **SNS** ……30
Social Network Service または Social Network Site の略。コミュニケーションを支援するインターネットサービスやウェブサイトを指す。
参 代表的なＳＮＳには「Facebook」「Instagram」「Twitter」「YouTube」「LINE」「GREE」などがある。

□ **SOL** ……74
英語の Sanctity of Life の略。生命の尊厳。生命は尊く、いかなる状況でも死ではなく生を選ぶべきという立場。

□ **PH.D.** ……72
「哲学博士」を意味する英語の Philosophiae Doctor の略。一般的には、哲学に限らず博士号または博士号取得者を指す。

□ **philosophy** ……72
英語で「哲学」の意。世界や人間についての根本原理を追求する学問。広い意味では、人生観・処世《しょせい》観・達観なども含む。
参 語源となったギリシア語の philosophia は「知を愛すること」を意味する。

□ **QOL** ……74
英語の Quality of life の略。生活の質、生命の質。日常生活の充実度などを意味する。

あ

□ **アイデンティティ** ……14
20世紀アメリカの精神分析家・エリクソンによる言葉で、じぶんが独自の存在であることや、じぶんが他者と違うことを認識すること。

参 エリクソンは、アイデンティティを獲得することが青年期の発達課題であるとした。

＝自己同一性・主体性・帰属意識

□ **アウフヘーベン** ……76
止揚《しよう》。二つの対立する概念を発展させて統合し、より高次の概念を導き出すこと。

□ **アウラ** ……60
もともとは「微風」「香り」「光輝」などを意味するラテン語だったが、19～20世紀ドイツの文芸批評家・ベンヤミンが、オリジナルの芸術作品が持つ権威の意味として用いた。
参 この権威は「いま」「ここ」にのみ存在する一回性に基づいており、芸術作品のコピーが大量生産可能な時代には、アウラは失われる。ベンヤミンはアウラの喪失《そうしつ》による変化に肯定的で、映画を始めとする複製技術により大衆の鑑賞が可能になった芸術分野に可能性を見出していた。

□ **アウラ喪失《そうしつ》** ……64
科学的に証明できない独特な雰囲気を持つものがなくなっていく状況。

□ **アカデミックキャピタリズム** ……51
学界資本主義。自らの知的財産を活かすことで研究資金調達しようとすること。

□ **悪文** ……112
あえて論理性や通念からずらすことによって、印象づける効果のある文。

□ **アナーキー** ……121
無政府状態、無秩序状態。転じて、社会的権威から自由なさま。

□ **アナロジー** ……108
類推、類比、比論。事物を他の事物との類似に基づいて推しはかること。
参 なお、アナロジーは類推す

る思考を伴う点で、事物の表現方法であるメタファーとは区別される。

□**アニメ**……64
「アニメーション」の略。画像や人形の位置や形などを少しずつ変えたシーンを一コマずつ撮影し、像が動いているように見せる動画。
参 日本では、1950年代のテレビ放送開始以降、子供向け娯楽《ごらく》として普及した。1990年代以降は、青年向けアニメの人気もあり、幅広い年代層の大衆的な娯楽として普及している。

□**アノミー**……20
社会規範が失われた状態。ある社会の解体期に発生する。フランスの社会学者・デュルケムによる用語。

□**アバンギャルド**……57
第一次世界大戦後のフランスにおける、前衛《ぜんえい》的な芸術および芸術家。主にシュールレアリスム、キュビスム、ダダイスムなどの傾向について使われた語。現代では、既成《きせい》概念を破壊しようとする前衛的な芸術傾向全般を指す。

□**アララギ**……139
1909年創刊の短歌雑誌。正岡子規の短歌会の流れもくむ。島木《しまぎ》赤彦《あかひこ》、斎藤《さいとう》茂吉《もきち》の写生理論と、万葉集を尊重する万葉主義が同派の特色。

□**アンチテーゼ**……76
反定立。特定の肯定的主張に対応する否定的主張。

↕テーゼ

□**アンビバレンス**……130
同一の対象に対して、愛と憎しみのように相反する感情を同時に持つこと。両面価値。

□**暗黙知**……84
物理化学者マイケル・ポラニーが提唱した概念。経験や勘のように、意識化・言語化の困難な身体レベルの知を指す。

い

□**遺書**……138
森鷗外《もりおうがい》の場合、遺書にて、ドイツから帰国後に得たすべての栄誉や肩書きを拒絶して、墓石には「石見国（島根県）の人」と彫ってくれと強く望んだ。悲恋の後は、演技の人生としての近代的人格だったことを遺書で示したとする説がある。

□**異数**《いすう》……140
「数」は等級の意味で、普通とは違った待遇のこと。また、他に例のないこと。

□**位相**……100
ある言葉を、どういう集団がどういう場面で使うかによって異なる言語の様相。

□**一義**……110 124
たった一つだけの意味や解釈のこと。

□**一元論**……92
哲学で、世界を一つの根本的な原理によって説明しようとする立場。17世紀オランダの哲学者・スピノザが主張した。

↕多元論

□**一様化**……112
様式や傾向などが、全部同じ様子になること。

↕多様化

□**イデオロギー**……120
根本的な考え方の体系。特に、政治・社会についての思想の傾向を指す。

参 19世紀ドイツの経済学者・マルクスは、社会の上部構造となっている法律・国家・政治形態や社会制度・風習・宗教などについての観念の諸形態をイデオロギーと呼んだ。

＝観念形態・思想形態

□**遺伝子組み換え**……33
異なる種の生物から抽出したDNAを、試験管内で切断し、人為的に新たにつなぎ換えて新しいDNA分子を作ること。遺伝子構造の解析や遺伝子工学などに利用されている。バイオテクノロジーの一種。

□**意味空間**……11
その土地ならではの特徴が感じられ、味わい深さのある空間。

□**イメージ**……82
視覚的要素を中心とした、心の中で思い描く映像や印象。

□**因果**……160
原因と結果。事象を成立せしめるものと成立せしめられた事象。

□インフラ……35
産業や社会生活の基盤となる施設。英語の infrastructure の略。学校や病院など、生活に必要な社会資本も含まれる。

□隠喩《いんゆ》……111
比喩の一種。暗喩。メタファー。「〜のようだ」「あたかも」のような言葉を用いずにたとえる表現方法。

参「時は金なり」「彼女は路上の天使だ」のような表現。

↕直喩《ちょくゆ》

え

□エートス……105
道徳、社会的風俗、民族精神。アリストテレス倫理学の用語。人間の持続的な心の状態。

↕パトス

□エキゾチシズム……97
異国趣味。異国情緒。

□エコロジー……24
生態学。生物とその周りの環境の相互関係を研究する学問分野。

参近年では、「環境保全」「地球環境に負荷をかけない」という意味合いで使われることが多い。

□エスニシティ……98
独自の文化的アイデンティティを共有する人々の集団の特徴。または、その集団自体を指す語。

□演繹《えんえき》法……44
普遍的な前提や事実などから、個々の具体例について推論すること。

↕帰納《きのう》法

□遠近法……43
遠近感のある絵画や図を作る方法。特に、三次元の空間を、二次元の平面上に表現する線遠近法（透視《とうし》図法）を指すことが多い。線遠近法では、物を視点から遠いほど小さく描いたり、見る角度によって生まれる物のひずみを描写したりすることで、遠近などの関係性を維持したまま表現する。

＝パースペクティブ

お

□オカルト……18
隠れて見えないこと。超自然現象や神秘的現象のことを指す。

参19世紀フランスの神秘思想家レヴィが、占星術・カバラ・錬金術などの魔術的知識をオカルティズムとして再興した。日本では、１９７０年代・１９９０年代に心霊やＵＦＯなどの超自然現象に関する知識がマスメディアなどで頻繁《ひんぱん》に取り上げられ、ブームとなっていた。

□オブジェ……56
フランス語で「物体」「客体」を意味する言葉。芸術の題材となる描写対象なども指す。

参20世紀欧米におけるシュールレアリスムの芸術活動の中では、非芸術的な物体を組合せ、連想から幻想や感情を喚《かん》起《き》しようとしたが、このときの物体や作品をオブジェ・トルベ（発見された物体）と呼ぶ。

□オリエンタリズム……98
西洋に無いものにあこがれる芸術的嗜好《しこう》。東洋趣味。

参20世紀アメリカの文学者・サイードが同名の著書を１９７８年に発表して以降は、東洋に受動性・肉体性・官能性といったイメージを異国情緒と共に付与することで、西洋の優位性を示そうとする思想を指すようになった。

□オリジナル……60
原本、原型、原典。独創性があるもの。

↕コピー・レプリカ・模造品

□音声トーン……83
言葉には不思議な力があるという言霊《ことだま》の発想から、人間の使う言葉は意味以外にメッセージを届けるとすること。

か

□概念……108
多くの観念の中から共通する要素をぬき出して総合した、普遍《ふへん》的な意識内容。

□**カオス**……120
秩序の無い状態。混沌《こんとん》。

↕コスモス

□**科学第一主義**……43
科学によって、人類が直面している問題が解決できるという考え方。

□**仮説と実証**……40
データに基づいて説を仮に立て、それを実際に調べて証明する科学的な態度。

□**仮託**《かたく》……166
他の物事を借りて言い表すこと。また、事寄せること。

□**固唾**《かたず》**を呑む**……142
事の成り行きが気になって、緊張している。

□**価値**……114
事物が役に立つ度合い。値打ち。経済学では、商品が持つ交換価値の本質とされるもの。哲学では、真・善・美などの常に認められる絶対性を持った性質。

□**価値画一化**……26
何が大切なのかが、利害関係のない多くの人に共通するようになること。

□**学校制度**……16
学校に関する教育制度。

参現在の日本の学校制度は学校教育法と関係法規によって規定されている。近代の学校制度は国家により管理されているが、社会的・歴史的な背景の影響も受けている。

□**カテゴリー**……46
同じものの分類範囲。また、その枠のひとつひとつ。

＝範疇《はんちゅう》

□**カニバリズム**……100
人間が人間の肉を食べること。またはその習慣。

□**貨幣**《かへい》**物神化**……122
貨幣自体はイメージに過ぎないのに、貨幣そのものが価値あるように思えてしまうようになること。

□**カリスマ**……30
ギリシャ語で、「神の賜物《たまもの》」の意。19～20世紀ドイツの社会学者・ウェーバーが支配者に見られる「自然的、超人間的な力を持つ資質」という意味の言葉として広めた。転じて、人の心を引きつける強い魅力やそれを持つ人のことを指す。

□**カルチュラルスタディーズ**・32
20世紀後半に主にイギリスの研究者グループの間で始まり、後に各地域へと広まった、文化に関する学問研究の潮流《ちょうりゅう》を指す。政治・経済・社会・歴史・音楽・文学・映画などを含む幅広い領域から、文化に関わる状況を分析しようとするもの。

□**感覚的文化**……94
合理的な理性よりも、感覚や直感的な感情を重視する文化。

□**環境破壊**……12
人間活動により、自然や都市の環境の状態が悪化し、破壊される現象。大気・土壌・海洋の汚染や、地球温暖化などがある。

参日本では、2011年の東日本大震災による福島第一原子力発電所事故で、放射性物質の放出による環境汚染が発生した。

□**感性**……10
五感を通じた外部からの刺激を認識する心の働き。物事を心で感じ取る感受性についてもいう。

↕理性

□**観念**……108
じぶんの経験などから作られた、ある物事に対する主観的な考え。

参もうこれまでだと、あきらめたり覚悟したりする意味で使うこともある。

き

□**機械論**……40
自然界のさまざまな現象を機械的な因果関係によって説明する立場。

参紀元前3～4世紀のギリシャの哲学者・デモクリトスや、17世紀オランダの哲学者・スピノザの中に機械論的思想が見られる。

↕目的論

□**気が置けない**……145
遠慮したり気遣《きづか》ったりする必要がなく、心から打ちとけることができること。

ること。
＝具象
↔抽象《ちゅうしょう》

□**クレオール**……96
西インド諸島・中南米などで生まれ育ったスペイン人、フランス人などのヨーロッパ人のこと。西インド諸島・中南米における、スペインやフランスの影響を受けた混交的な文化や言語についても用いられる。

＝クリオール

□**グローバリゼーション**……91
人間の活動が国や地域などの境界を越え、地球規模で行なわれるようになる流れ。情報通信技術が発展し、地球規模でのコミュニケーションが推進されたことで急速に進んだ。

＝グローバル化・地球規模化

け

□**ケ**……130
日本の民俗学の基礎概念。19～20世紀日本の民俗学者・柳《やなぎ》田國男《たくにお》により見出された。日常的・私的な側面を意味している。普段着を「褻衣《けごろも》」、居間を「褻居《けい》」という表現などに表れている。

□**迎合《げいごう》**……28
自分の考えをまげて、他者の考えを受け容れて気に入られるようにすること。

□**形而下《けいじか》**……106
はっきりした形があり、目や耳や手によってその存在を認識できるもの。

↔形而上

□**形而上《けいじじょう》**……106
具体的な形として感覚で捉えられず、理論や思考を通じて捉える観念的なもの。

↔形而下

□**ゲゼルシャフト**……121
ある特定の目的や共通利益を求めて、作為的に形成した社会集団。

↔ゲマインシャフト

□**ゲマインシャフト**……121
地縁・血縁・友情などによって、自然発生した社会集団。

↔ゲゼルシャフト

□**顕在《けんざい》**……62
目に見える形で表れていること。

↔潜在《せんざい》

□**現実の逆転**……26
イメージが行き渡ったせいで、現実のほうが虚偽《きょぎ》に見える現象。

□**現象**……78
形として現れ、形而下《けいじか》で捉えることができるもの。

↔本質

□**言説**……104
単語や文ではなく、文の集合体を言語単位として見る言語学の概念。

［参］20世紀フランスの哲学者・フーコーは、言説は認識の基盤を形成することにより、何が真理であるかを認定するため、政治的・制度的な権力作用と結びつくと説明した。

＝**ディスクール**

こ

□**恒常的パトロン**……66
時期限定ではなく、通常的に支援してくれる保護者。

□**交通・通信網**……16
情報や物体や人間が移動する国土全体に張り巡らされたシステム。

□**構文**……162
文の構造。決まった表現文型。述語に使う語を基準にすると、日本語の文は動詞述語文・形容詞述語文・名詞述語文の3つに分類することができる。

［参］動詞述語文は「石川先生は本郷に行きました」のような述語が動詞の文、形容詞述語文は「その歌声はとてもきれいです」のような述語が形容詞の文、名詞述語文は「佐藤康光先生は連盟の会長です」のような述語が名詞の文である。

□**合理性**……41
道理や論理の法則にかなった性質。むだなく能率的に行われるような物事の性質。

□**国語**……106
国家により公に認められた言語。

［参］教科の「国語科」の意で使

われたり、漢語や外来語に対する「和語」と同様の意味で使われたりすることもある。

□**沽券《こけん》に関わる**……146
品位や対面にさしつかえる。「沽券」とは、土地や山林などの売り渡しの証文のこと。転じて、人の値打ちや品位・体面をあらわす。

□**小ざっぱり**……142
飾りけがなく、清潔で感じのよい様子。

□**個人**……120
集団を構成している個々の人間。一個人。地位や身分など社会的な要素から切り離した人間。

□**個人主義**……90
個人の権利や自由を第一に考える主義。

□**個人の遠近法 リアリズム**……60
主観を交えず、芸術家や作家などの特定の視点から機械的に世の中をとらえる態度。

□**個人の想像 ロマン主義**……61
芸術創作などで、現実より個人的な感情や空想を重視する態度。

□**コスモス**……120
宇宙、世界、秩序、調和。

↕カオス

□**コスモポリタン**……32
国家の枠組を超えて、全世界を一国と考える人。

＝世界主義者

□**コスモロジー**……88
宇宙の起源や構造についての理論の総称。自然科学的なものだけでなく、神話的・哲学的な宇宙観・世界観も含む。

□**個性**……14
個人や個体に特有の性質。

＝パーソナリティー

□**言霊《ことだま》**……104
言葉に宿る霊力。古代の日本では言霊への信仰があり、和歌などにも表れている。

□**子どもの誕生**……17
従来、大人と区別されず、小さな大人として扱われていたが、大人とは違う子どもという存在を、社会的に制度化したこと。

□**コピー**……64
複写すること。複製すること。また、そのもの。

↕オリジナル・原本・原型・原典

□**コペルニクス的転回**……49
18世紀ドイツの哲学者・カントが、認識論上の立場の転回を、コペルニクスによる天動説から地動説への転回にたとえた言葉。認識する対象があってこそ認識できるという考え方を逆転させ、人間が主観を構成して初めて対象の認識が可能になるとした。

□**語法**……162
言葉の使い方。表現法。文法が単語どうしや節どうしのつなげ方の汎用《はんよう》的な規則を意味するのに対し、語法は慣用句などの単語のまとまりを、特定の場面でどのように使うかという使い方を意味している。

□**コンテクスト**……112
文章における前後の関係。文脈。

＝コンテキスト

□**コンプレックス**……80
精神分析の用語で、意識下に抑圧されている強い感情や葛《かっ》藤《とう》を指す。
参 19～20世紀オーストリアの精神科医・フロイトが唱えたエディプス・コンプレックスなどが有名。また、じぶんが他者よりも劣っているという劣等感のことを単に「コンプレックス」という場合もある。

さ

□**再現性**……44
科学実験などにおいて、所定の条件や手順の下で、同じ事象が繰り返し起こったり、観察されたりすること。

□**差し出がましい**……146
必要以上に他人に関与しようとし、出過ぎた感じであること。

□**サステナビリティ**……32
自然と共生する持続可能な社会システムを目指す環境保護思想のキーワード。

参 近年、企業の社会的責任（CSR）の視点からも、サステナビリティへの取り組みに高い関心が集まっている。

＝持続可能性

□**サブカルチャー**……28
正統的・伝統的な文化でなく、

社会の支配者層や多数派とは異なる特定の社会階層の固有の文化。

参 1960年代におけるヒッピーカルチャーなどがその例である。日本では、アニメ・漫画などの大衆的な趣味を指していうこともある。

＝下位文化・部分文化

□**さめざめ**……142
しきりに涙を流して、静かに泣くさま。

し

□**恣意性**《しい》……89
19～20世紀スイスの言語学者・ソシュールの用語。言語が指し示すもの（シニフィエ）とそれを示す言語記号（シニフィアン）の間に必然的な結びつきがなく、勝手に決定されていること。

参 例えば、日本語で「みかん」と呼ばれるものが、他の言語では別の呼び方をされていることから、言語の恣意性がうかがえる。

□**自我**……73
じぶん、自己。哲学では、意識や行為の主体となり、他者や外部の世界とは区別して認識される自己を指す。

□**自己神格化**……66
自己の努力や演出によって、自己の価値をみずから高めること。

□**市場経済**……15
商品やサービスを、市場を通じて自由に売り買いし、価格の変動を通じて最適な資源配分を行う経済体制。

参 資本主義では、生産は利潤の獲得のためになされ、市場を通じて生産量の調整が行われる。

↕計画経済

□**自然コントロール限界**……50
河川の氾濫《はんらん》、土砂災害など、人間の計算を超えて発生する自然の脅威《きょうい》。

□**実利主義**……50
現実の利益を重要視する精神的傾向。

参 もともとは、産業革命に伴いイギリスで盛んになった思想。18～19世紀イギリスの法学者・ベンサムが創始した功利主義哲学が代表的で、最大多数の最大幸福をスローガンとしていた。この思想がイギリスの政治へ与えた影響は大きく、保守的風潮を破ることに成功した。

＝功利主義

□**自文化中心主義**……96
じぶんの文化を基準にして、異文化を低く見たり、批判的に見たりする態度のこと。

＝エスノセントリズム

↕文化相対主義

□**じぶん探し**……80
本当のじぶんは現状のようなつまらない存在ではないとし、絶えず現実から逃げ、どこかにあると信じているじぶんの価値を追い求める態度。

□**資本主義**……14
土地・機械などの生産手段を私有する資本家が、労働力以外に売る物を持たない労働者を雇い、利潤《りじゅん》を得る経済体制。封建制度の後、産業革命を通じて生まれた。

参 資本主義経済では資本家がより多くの利潤の獲得を求めて資本の蓄積や独占が進む傾向がある。

＝キャピタリズム

□**島国文化**……95
閉鎖的社会であるため、自己主張を控え、和を大切にする文化。

□**社会科学**……44
人間の社会的行動を研究する学問の総称。社会学、政治学、経済学、法学、社会心理学、文化人類学などがある。

□**写生**……138
対象をありのままに写す方法。俳人・正岡子規《まさおかしき》が短歌・俳句に取り入れ、現実に密着した写実的な描写を良しとする写生論を説いた。

□**周縁**……97
もののまわり。ふち。都市の中心に高位の社会階層が位置し、中心から遠い周縁に下位の社会階層が位置する構造を説明する際や、社会システムにおける資本や権力の偏在《へんざい》を表す際に使われる。

□**宗教性**……58
人間が持っている宗教に関係する感情や性質、及び宗教が有する独自の性質。神などの超自然的存在への信仰心、教義、儀式などに見られる。

□**シュークリーム化**……25
歯ごたえがなく、柔らかくて甘いものばかりが求められる現代を揶揄《やゆ》した表現。

□**シュールレアリスム**……63
第一次世界大戦後のフランスで起こった、非現実的で夢の中にいるような絵画や文学を生んだ芸術運動。

参 主な画家に、ダリやエルンストなどがいる。

＝超現実主義

□**主義の分類**……72
思想の分類をして業績にする、哲学者の態度ではない哲学学者。

□**主客二元論**……42
世界は、感覚を受け取る主体（意識）と、感覚を通して知覚できる客体（物）で構成されているとする哲学的な立場。
参 17世紀フランスの哲学者・デカルトの、意識と物は独立して存在しうるという考え方は、自然科学の哲学的な基礎となった。しかし自然科学の発展に伴い、機械論的考え方が主流になるにつれて、主客二元論は否定的に捉えられるようになった。

□**瞬間性**……112
流れはなく、そのときだけのインパクトがあれば良いとする性質。

□**順接**……160
二つの文または句が接続するとき、前の部分が後の部分の原因・理由などになっているもの。「順態接続」の略。

参 例えば、助詞「ば」を用いた「犬も歩けば棒に当たる」や、接続詞「だから」を用いた「お腹が空いた。だから力が出ない」のような表現を指す。

↔逆接

□**消極的自由**……129
他者からの強制的干渉が存在しない状態。

↔積極的自由

□**常識**……158
一般的な社会人が持つべき知識や行動様式のこと。時代・地域・社会階層が異なれば通用しない常識もあり、相対的な部分を多く含む。
参 もともとは、人間が共通に持っている感覚のことを指し、18世紀イギリスの哲学者・リードはこの感覚に基づく根本原理を「常識の原理」として、諸学問の基礎としようとした。

□**叙事詩**《じょじし》……116
歴史、伝承、英雄物語などの長編韻文《いんぶん》。

□**シラけ・悟り**……24
野望を持たず、世の中を冷めて見つめる態度。若い世代を指すことが多い。

□**素人**《しろうと》……28
その事に経験が浅く、未熟な人。その道で必要な技能や知識を持っていない人。また、その事を職業・専門としていない人。

□**震撼**《しんかん》……132
ふるい動かすこと。また、人をふるえあがらせること。

□**新感覚派**……136
大正末期～昭和初期に活躍した、横光利一《よこみつりいち》、川端康成《かわばたやすなり》などの作家たちの呼称。リアリズムからの解放を求め、暗示や象徴を多用した。

□**新自由主義**……122
政府の民間介入に反対し、資本主義下の自由競争を重んじる立場および考え方。国営企業の民営化、規制緩和による経済自由化などが特徴。
参 １９７０年代以降、イギリスのサッチャー首相、アメリカのレーガン大統領、日本の中曽根《なかそね》首相などが新自由主義政策を採用し、経済成長を導いた。しかし、このときの政策が貧富の格差拡大などの社会問題の原因の一つとなっている。

□**心身二元論**……74
心と身体は本質的に異なる実体であるとする17世紀フランスの哲学者・デカルトの説。この世界には肉体や物質などの物理的実体とは別に、能動性をもった心的実体があると考える。

＝物心二元論

□**ジンテーゼ**……76
総合。テーゼとアンチテーゼをアウフヘーベンすることにより、矛盾・対立が解消し、高次の概念に統一された状態。

□**人文科学**……44
人間の文化全般に関する学問の総称。哲学、文学、史学などがある。学問分野を人文科学と自然科学に二分する場合と、人文科学・社会科学・自然科学に三分する場合がある。

□**進歩主義**……13
国家や社会などの矛盾や不合理を変革するために、新しく、より優れたものを追求していこうとする思想。

↔保守主義

□**シンボリズム**……62
19世紀フランスとベルギーで、自然主義への反動として現れた芸術運動。事物を忠実には描かず、理想世界を喚起《かんき》する感覚や印象を表現した。

参フランスの文学者・ユイスマンスやフランスの画家・モローが有名。

＝象徴《しょうちょう》主義

□**神話**……88
人々の間に伝えられてきた神を巡る物語。転じて、個人の思考や行動を左右する固定観念などを表す場合もある。

す

□**ステイタスシンボル**……126
社会的地位や身分を象徴《しょうちょう》するもの。

参社会的な状況により、ステイタスシンボルは変化する。例えば、17世紀イギリスでは砂糖や茶は高価でステイタスシンボルとなっていたが、19世紀には価格の低下により大衆的な商品となった。

せ

□**成長至上主義**……124
過去の反省や現状維持ではなく、絶えず成長していることにのみ価値をみる態度。

□**制度化**……12
結婚・相続・生活などの社会的な慣習が社会の成員の多数によって受け入れられ、制度として体系化されること。

□**西洋**……90
中国から見て西の地域の呼称。インドシナ半島からインドあたりを指していたが、現代ではヨーロッパを指す。日本では、アメリカを含めたヨーロッパを西洋という。

↔東洋

□**セキュリティ**……34
保安。防犯。人身、資産、コンピューターシステムなどを害から保護するための警備全般。安全性を保つこと。

□**世間**……120
世の中。転じて、人の交際範囲の意でも使われる。

□**世俗化**……10
人間生活を拘束していた宗教などの聖なるものが、世俗的な権威や制度に置き換わっていく社会過程。

↔神聖化

□**積極的自由**……129
高い価値を実現するため、自律的に行動できる状態。

↔消極的自由

□**絶対性**……42
ものが長く変化しない性質のこと。不変性、恒《こう》常《じょう》性、永遠性、持続性。恒《こう》久《きゅう》性、

□**是非に及ばない**……144
善悪や当否を論じるまでもなく、そうするしかない。しかたがない。

□**潜在**《せんざい》……62
表面に表れず、潜んで存在すること。

↔顕在《けんざい》

□**戦後派**……136
第二次大戦後の日本のあるべき姿を捉えようとした埴谷《はにや》雄《ゆ》高《たか》、安部公房《あべこうぼう》などの作家たちの呼称。

□**戦時下の文学**……136
戦争中の発禁制度に抵触しなかったもの。堀辰雄《ほりたつお》や中島敦《なかじまあつし》などがいる。

□**先入観**……108
人間が特定の対象に実際に接する前に、メディアや他者の

言葉などから知識を頼りに形成した、対象を評価する価値観。ネガティブな意味合いで使われることが多い。

□**専門用語**……106
日本語では、日常の言葉と別で、改めて知らなければならない言葉。
＝テクニカルターム・術語
↕日常語

そ

□**像**……82
かたち。姿。また、思い描いている理想的な姿やあり方のことも指す。

□**象牙**《ぞうげ》**の塔**……46
芸術至上主義の人々が俗世間を離れて楽しむ静寂《せいじゃく》・孤高の境地。また、現実から逃避するような学者の生活や、大学の研究室などの閉鎖社会。

□**相剋**《そうこく》……166
対立するふたつのものが、互いに相手に勝とうと争うこと。

□**相対性**……48
他との関係や比較の中において成り立っている性質。

□**双方向**……117
情報伝達が一方向だけでなく、受け手も送り手になることができる方式。

＝インタラクティブ

□**即自的**……26
物が他の物と関係なく、自足して存在する状態を指す哲学用語。

参18～19世紀ドイツの哲学者・ヘーゲルは、即自とは物事が、他との関わりによって規定される段階に達していない状態を指し、「即自・対自・即自かつ対自」は弁証法の「テーゼ・アンチテーゼ・ジンテーゼ」に対応する概念とした。

□**則天去私**《そくてんきょし》……138
「天に則（のっと）り私を去る」の意。自然の道理に従って生き、私心を捨て去ること。夏目《なつめ》漱《そう》石《せき》の造語で、晩年に文学・人生の理想とした。

□**村落共同体**……8
土地の共有や共同利用に基づいた地縁的なつながりの共同体。近代以前に多く見られ、閉鎖的・自給自足的な性格を持つ。日本の古い農村・山村・漁村では、相互扶助の精神が強く、村民同士の関係が親密になる傾向があった。

た

□**体系**……45
多様なものがまとまって全体を形成していること。特に理論体系、哲学体系を指すことが多い。

□**第三の新人**……137
戦後から少し離れた１９５０年代初期に登場した遠藤周作《えんどうしゅうさく》などの作家の呼称。

□**対象化**……10
じぶんの感覚や思考など、主観の中にあるものを客観的な対象として扱うこと。

□**退廃**……25
道徳的な気風がすたれ健全な精神を失うこと。

＝デカダンス

□**大陸文化**……93
ヨーロッパなどの国境で区切られただけの国家における、絶えず自己主張して、自己を確立したがる文化。

□**多義**……110・124
同一の単語が複数の意味を持つこと。

参例えば、「濃い」という多義語は「色が深い」「味が強い」「密度が高い」という複数の意味を持つ。

□**多元論**……94
世界の根拠ないし実体を二種以上の実体に還元して考える哲学上の立場。転じて、多様性を肯定するという立場の意味でも用いられる。

↕一元論

□**他者**……80
自己と区別される人間。20世紀フランスの哲学者・サルトルは、人間を他者との関係性の中で規定される存在として考えた。

□**多数派**……158
属する人数が多い方の派。マジョリティ。

↕少数派

□**たたずまい**……144
立っている様子。また、そこ

にあるもののありさまのことで、かもし出す雰囲気を意味する。

□**脱亜入欧**……8
後進的なアジアから脱却して、欧米諸国の仲間入りを目指すこと。植民地戦争を背景に、明治時代に流布していた言葉。

□**多様化**……112
様式や傾向などが、さまざまな種類に分かれること。

↕一様化

ち

□**地動説**……48
1543年、ポーランドの天文学者・コペルニクスが唱えた宇宙構造説。地球は太陽の周りを回っているとし、キリスト教的宇宙観に基づく天動説を覆した。

□**抽象**《ちゅうしょう》……78
具体物の特定の要素・側面・性質を抜き出して把握し、一般化して捉えること。及び、捉えられたイメージ。同時に、一般化されないことを捨象《しゃしょう》している。

↕具体

□**超越者**……107
神学における絶対的な存在としての神。

参20世紀ドイツの哲学者・ヤスパースや、20世紀フランスの哲学者・サルトルの実存主義哲学では、人間が自己のあり方をみずから選択・決定することを〈超越〉と呼ぶ。

□**超克**《ちょうこく》……128
19～20世紀ドイツの哲学者・ニーチェが提唱した言葉。自己の現状を超える価値を創造することにより、本来あるべき自己を形成していくことを指す。

□**調和主義**……90
個々の主体の信念が調和しあっていることをもって、それぞれの信念が正当化されるとする考え方。

□**直截**《ちょくせつ》……84
まわりくどくなく、きっぱりしていること。また、ためらわず、すぐに決断すること。

□**直喩**《ちょくゆ》……110
比喩の一種。「～のようだ」「あたかも」のような言葉を用いてたとえ、比喩だと明確にわかる表現方法。

参「紅葉のような手」「彼女は路上の天使のようだった」のような表現。

↕隠喩《いんゆ》

□**地理**……126
土地の状態。山・川・海・陸・気候・人口・集落・産業・交通などの状態を指す。

つ

□**通時的**……46
19～20世紀スイスの言語学者・ソシュールの用語。関連する複数の現象を、時間の流れにそって記述する様子。

↕共時的

□**通俗**《つうぞく》**的**……146
世間一般で好まれるさま。あまり高度でなく、わかりやすく、俗受けすることを指す。

□**接**《つ》**ぎ木文化**……18
もともとあった木に、紐《ひも》で別の木を結びつけて、無理やり高く伸ばした様子の文化。

参文明開化後の日本を指した表現。

□**接**《つ》**ぎ穂**《ほ》……116
接ぎ木するとき、元の木である台木に対して、つぎ足す木のこと。転じて、話をつなげるきっかけの意味にも使われる。

□**罪の文化**……92
19～20世紀アメリカの文化人類学者・ベネディクトが、著書『菊と刀』の中で、西欧人の行動様式を説明するために使った用語。罪の意識から善行や告白を行うなど、道徳的基準が強く内面化された文化をいう。

↕恥の文化

て

□**テーゼ**……76
定立。ある事柄についての肯定的主張。

↕アンチテーゼ

うに扱われ、人間らしさが無視されること。

参19世紀ドイツの経済学者・マルクスは、資本主義市場経済が形成されるにつれ、労働が生存のための手段と化していき、人間は労働から疎外されると述べた。

□**人間中心主義**……9
人間の主体性を重視し、人間が世界の中心的存在であると考える思想。神を中心と考える中世ヨーロッパの思想と対立的に述べられる。

□**認識**……73
知ること。あるいは知った事柄。

の

□**農耕民族**……94
稲作などの農業活動により生活の主体を形成している民族。アジアなどのモンスーン気候の地方に多く見られる。

□**脳死**……74
脳幹を含めた脳のすべての機能が失われ、回復不能となった状態。心肺機能は人工呼吸器などで維持されている。

□**のっぴきならない**……143
避けることも退くこともできず、動きがとれない。ぬきさしならない。

は

□**バーチャル**……130
実体を伴わないさま。仮想的。疑似的。

□**バーチャルリアリティ**……33
コンピューターの画像や音声などによって人工的な環境を作り出し、あたかも現実であるかのように感じさせること。

＝仮想現実感

□**ハイパーインフレ**……114
有効需要が増加しても生産量を増加できず、物価が短期間に高騰《こうとう》し、貨幣の価値が暴落してしまう状態。

参例えば、1920年代ドイツで見られたハイパーインフレは、第一次世界大戦の賠償金支払いのため、紙幣が大量発行されたことなどに起因する。

＝超インフレーション

□**背理**……131
道理や論理に背くこと。一般的に正しいと思われていることに反することがら。

＝パラドックス・逆理・逆説

□**恥の文化**……95
19〜20世紀アメリカの文化人類学者・ベネディクトが著書『菊と刀』の中で日本人特有の文化体系を説明するために使った用語。他者からの視線と自己の体面を重視する文化をいう。

↔罪の文化

□**肌が粟《あわ》立つ**……140
恐怖や寒さなどによって、肌に粟のようなぶつぶつができる。鳥肌が立つ。

□**パトス**……105
情念。アリストテレス倫理学の用語。喜怒哀楽などの快楽・苦痛を伴う一時的な感情の状態を表す。

↔エートス

□**パノプティコン**……34
中央に高い塔を置きそれを取りまくように監房をもつ円形の刑務所施設。囚人は看守の様子を知ることができず、監視されていることを常に意識することになる。

参18〜19世紀イギリスの法学者・ベンサムにより考案され、各国の刑務所で採用された。20世紀フランスの哲学者・フーコーは、少数の権力者が個人を管理している社会システムをこの施設にたとえた。

＝一望監視施設・万視塔

□**パラサイト**……124
大学卒業後も親に基本的生活を依存しながらリッチに生活を送る未婚者。親を宿主として寄生（パラサイト）しているような様子からつけられた。

参1997年に日本の社会学者・山田昌弘が使い始めた言葉。

□**パラダイム**……12
ある時代や社会集団の中で支配的な物の見方や考え方。

＝規範

□**ハレ**……130
日本の民俗学の基礎概念。19〜20世紀日本の民俗学者・柳《やなぎ》田《た》國《くに》男《お》により見出された。ハレ（晴、公）は天候の晴天・公的な儀式に通じ、晴れやかな気分に満ちた非日常的・公的な側面を指す。「晴れ着」、「晴れ舞台」などの表現に表れている。

□**反証可能性**……47
ある事柄が観察や実験の結果によって否定される可能性を持つこと。

参イギリスの哲学者カール・ポパーは、反証可能性を科学的基本条件と見なし、科学と非科学とを分類する基準とした。

ひ

□**ヒエラルキー**……127
ピラミッド形に序列化された秩序や組織。

□**非合理**……56
理性や論理ではとらえきれないこと。また、そのさま。

□**非日常**……56
日常的ではないこと。当たり前ではないこと。また、そのさま。

□**標準語**……16
教育・公共放送などで用いる規範となり、全国的に理解されうる言語。

参明治時代の日本では、山の手の東京語が教育を通じて普及され、標準語と呼ばれるようになった。「標準語」という語は、１８９０年に日本の英語学者・岡倉由三郎《おかくらよしさぶろう》が最初に使ったと言われる。現代では、権威的な語感を避け、「共通語」という場合もある。

ふ

□**ファシズム**……84
全体主義。個人の自由や権利より、国家の利益を優先する考え方。

□**フィクション**……116
作り事。仮構。虚構《きょこう》。

↕ノンフィクション

□**フィジカル**……78
物質に関するさま。形而下の。

参文脈に応じ、「物理的」「物理学的」「肉体的」「身体的」などにも言い換えられる。

↕メタフィジカル

□**敷衍**《ふえん》……161
述べたことをさらに展開して説明すること。言葉や意味を押し広めて説明すること。

□**フォービスム**……62
20世紀初頭のフランスで見られた、荒々しく激しい画風の絵画。

参主な画家にマティスやブラックなどがいる。

＝野獣派《やじゅうは》

□**付加情報**……126
メインではなく、趣味的にプラスされた情報。

□**俯瞰**《ふかん》……35
高い所から見下ろすこと。転じて、広い視野で物事を見ること。

＝鳥瞰

□**袋小路**……128
行き止まりになっていて通り抜けられない小路。転じて、物事が行き詰まった状態。

□**富国強兵**……166
国の経済力と軍事力を高めること。

□**父性**《ふせい》**原理**……92
20世紀日本の心理学者・河合《かわい》隼雄《はやお》が用いた語。子供に客観的なルールを提示し、自立を促進する機能のこと。転じて、西洋社会の価値観の基盤となっている心理を説明する際にも用いられる。

□**不世出**《ふせいしゅつ》……140
めったに世に出ないほどすぐれていること。

□**復権**……82
一度失った権利や名誉などを回復すること。

□**舞踊**《ぶよう》……82
踊り。身体を使った連続的な動きを一定の空間で行うこと。

参古代では呪術《じゅじゅつ》的・宗教的側面が強かったが、次第に芸術性や娯楽《ごらく》性が強まり、現代では多くの場合、音楽などを融《ゆう》合《ごう》した総合芸術となっている。

□**無頼**《ぶらい》**派**……136
第二次大戦後に活躍した、反道徳性を特徴とする、太宰治《だざいおさむ》、坂口安吾《さかぐちあんご》などの作家たちの呼称。

＝新戯作《げさく》派

□**ブルジョワジー**……66
元は町人・市民といった意味の言葉で、裕福《ゆうふく》な商工業者や資産家で構成されている社会層を指す。

参 産業革命後、資本家として力を強め、フランス革命では貴族・聖職者に対する第三身分として権利を主張した。19世紀ドイツの経済学者・マルクスは、近代資本主義社会において資本を所有している社会階層という意味でこの語を用いている。

↕プロレタリアート

□**プロレタリア文学**……136
社会主義的思想に基づき、プロレタリア＝賃金労働者階級としての目線で現実を描いた文学。小林多喜二《こばやしたきじ》・徳永直《とくながすなお》などがいる。

□**文化**……88
人間が精神の働きによって作り出した、有形無形のものすべて。

□**文化人類学**……99
さまざまな民族の文化や社会を比較研究する学問分野。アメリカでは人類学としばしば同義に用いられ、ヨーロッパでは民族学・社会人類学と呼ばれる。

□**文化相対主義**……96
諸文化をそれぞれ独自の価値体系をもつ対等な存在としてとらえる中立的な態度・研究方法のこと。

↕自文化中心主義

□**文明**……88
文化とほぼ同義。過去の人類学では、「未開社会」に対して、複雑で高度な社会の文化を指して使われる場合が多い。今日では、技術による物質的なものを文明、精神的な価値に関わるものを文化とする傾向がある。

□**文明開化**……8
文明が進んで世の中が開けていくこと。特に明治時代初期の日本で、西洋文明を取り入れて急速に近代化した現象のことを指す。洋風施設が相次いで設置され、髪型や服装などの風俗の面でも西洋式が流行した。

へ

□**閉口**《へいこう》……142
手に負えなくて困ること。また、言い負かされたり圧倒されたりして、言葉に詰まること。

□**ヘーゲル**……76
19世紀ドイツの哲学者。世界を運動・変化する弁証法的発展の過程としてとらえた。
参 その弁証法は、マルクスにより弁証法的唯物論として批判的に継承された。

□**偏在**《へんざい》……122
偏って、特定の場所にだけあること。

□**遍在**《へんざい》……122
広く行きわたり、どこにでも存在すること。

ほ

□**放心**……140
心を奪われたりして、魂が抜けたようにぼんやりすること。

□**母語**……107
幼児期に周囲の会話を聞いて自然に覚えた言語。
参 社会的な条件によっては、母語が母国語と一致しないことも少なくない。

□**ポストモダン**……24
近代合理主義を否定し、超えようとする芸術運動。現代が、近代（モダン）が終わった後（ポスト）の時代であることを強調する表現。
参 元は「機能主義に代わる新しい建築」という意味の建築用語だったが、20世紀フランスの哲学者・リオタールが社会的な意味で用いて広まった。

□**母性**《ぼせい》**原理**……94
20世紀日本の心理学者・河合《かわい》隼雄《はやお》が用いた語。子供を温かく受け容れることで愛着関係を形成し、子供の精神的安定の基盤となる機能のこと。転じて、日本社会の価値観の基盤となっている心理を説明する際にも用いられる。

□**ホトトギス**……139
柳原極堂《やなぎはらきょくどう》が創刊した日本派初の俳句雑誌。翌年から高浜《たかはま》虚子《きょし》が編集発行を担当。子規一派の機関誌として河東碧梧《かわひがしへきご》桐《とう》らを擁した。

□**ポピュリズム**……29
大衆の支持を背景とする政治思想。カリスマ的指導者が、単純労働者層などの不満を吸いあげて、既存《きそん》のエリート層やマイノリティ（少数派）を攻撃することで支持を得る場合が多い。

参 近年では、人気取りに終始して政治的成果を軽視する政治家やその活動に対して、批判的に用いられる。

＝大衆主義・大衆迎合主義

□**本質**……78
物事の根本的な性質。物本来の姿。

↕現象

ま

□**マージナル**……98
周辺・境界にあるさま。また、限界であるさま。

□**マウント**……127
猿などの動物が、他の個体に馬乗りになって、自らの優位性を示す行為。転じて、人間がじぶんの優位性を認めさせるために、相手にじぶんの境遇を誇示《こじ》することも指す。

□**マスメディア**……28
新聞・雑誌・テレビ・ラジオのような、不特定多数へ情報発信する伝達手段。

□**マルティン・ハイデガー**……68
ドイツの哲学者。人間を世界内存在として捉える実存哲学を創始した。主著に『存在と時間』がある。

み

□**ミクロ**……52
非常に小さいこと。微小。

↕マクロ

□**未曾有**《みぞう》……51
これまでには一度もなかったこと。いまだかつてない。

□**身の丈に合う**……144
無理をせず、力相応に。分相応。

□**身も蓋**《ふた》**もない**……146
言葉が露骨《ろこつ》すぎて、含みも何もない。にべもない。

□**民俗学**……99
民間伝承による文化遺産を研究し、民俗文化を明らかにする学問。

む

□**無責任**……129
責任がないこと。責任を自覚しないこと。責任感がないこと。また、そのさま。

め

□**名状**《めいじょう》**しがたい**……144
ありさまを言葉で表現できないこと。言葉にできない。

□**メタフィジカル**……78
形而上《けいじじょう》学的なさま。形而上の。形がなく、感覚的な経験で捉えられないさま。

↕フィジカル

□**メディアリテラシー**……26
インターネット・テレビ・新聞などのメディアの伝える情報を主体的に活用し、批判的に見きわめる能力。
参 例えば、広告媒体《ばいたい》では、スポンサーにとって都合のいい情報が伝えられがちな点を考《こう》慮《りょ》して、情報を取捨選択する力。近年では、SNSなどを通じて自ら情報発信する力も含む。

□**目を瞠**《みは》**る**……144
目を大きくあけてよく見ること。

□**面妖**《めんよう》……116
不思議。奇妙。

も

□**木曜会**……138
夏目漱石《なつめそうせき》宅で、毎週木曜日に漱石の教員時代の教え子や漱石を慕う若手文学者が集まり、さまざまな議論をした会合のこと。

□**モチーフ**……58
フランス語で「動機」「理由」「主題」を意味する言葉。芸術における、創造する動機となった中心的な思想や、描写する対象や形、作品の構成要素である形の要素のまとまりなどを指す。
参 創作物の分野によってその意味は変わり、装飾の模様を構成するパターンや、音楽を形作る最小単位などの意味でも使われる。

□**物語性**……112
事実の羅列《られつ》ではなく、感情の起伏《きふく》を引き起こすストーリーがある性質。

□**物心《ものごころ》がつく**……140
幼児期を過ぎて、世の中のさまざまなことがなんとなくわかりはじめる。

□**模倣《もほう》**……31
人の動作などをまねること。
参 19世紀フランスの社会学者・タルドは、人々が無意識に模倣を行い、それを反復することにより、社会現象が発生することを説明した。

□**モラトリアム**……75
20世紀アメリカの精神分析家・エリクソンによる用語。本来は「支払い猶予《ゆうよ》期間」の意味だったが、転じて、社会的責任を免除・猶予されている青年期のことを指す。

や

□**躍起《やっき》になる**……140
むきになる。必死になる。

ゆ

□**ユートピア**……128
ギリシア語の「どこにも存在しない場所」を意味する語。転じて、理想的社会・空想的社会を意味する。

＝無何有郷《むかゆうきょう》、無何有《むかう》の郷《さと》

よ

□**要素還元主義**……40
複雑な事象を下位の要素に分析・還元し、説明しようとする立場のこと。機械論などの中に見られる。生物学においては、生命現象は物理学・化学の理論や法則によって解明できるとする立場を指す。

り

□**リスク**……34
予測することができない危険のこと。また、損害を受ける可能性のことを指す場合もある。

□**理性**……10
論理的・概念的に思考・判断する心の働き。善悪・真偽などを正当に判断し、道徳意識を持つ能力についてもいう。

↕感性

□**理知的文化**……92
感覚よりも、合理的な理性を重視する文化。

□**リベラル**……123
因習などにとらわれないさま。穏健《おんけん》な革新を目指す政治的立場のことも指す。
参 １９８０年代アメリカのレーガン政権以降は、福祉を過度に重視する革新派を批判するために、保守派がこの語を使う場合が多い。

□**両義**……124
両方の意味。二つの意味。

□**臨床**……80
病床に臨んで実地に患者の診療にあたること。

□**倫理**……100
人として守り行うべき道。道徳。

れ

□**冷戦の終結**……24
アメリカ合衆国とソビエト連邦という二大国の対立（二項対立）が終わったこと。

□**歴史**……126
過去に起きた事実、およびそれらについての記述のこと。
参 一定の価値判断に基づいて選択された事実が歴史を構成する。

□**レトリック**……110
言葉を美しく効果的に表現する技術や技法、あるいはその研究。

＝修辞学・修辞法

ろ

□**老成《ろうせい》**……144
年を取って経験を積んだこと

で、熟達していること。また、年齢のわりに大人びていること。

□ロゴス……105
言葉・概念・論理など、心の合理的・理性的な側面。

わ

□和《わ》魂《こん》洋《よう》才《さい》……18
「和魂漢才」（日本の精神をもって中国の学問を吸収、消化すること）から転じた語。日本伝統の精神を守りながら、西洋の文化を学び、両者を調和させること。

□我知らず……146
自分でそれと意識せず。思わず。

おわりに

予備校で毎週1590分ほど授業をしております。50分授業に換算しますと、だいたい31限の仕事を続けて、25年以上になりました。

僕は、酒にも娯楽にも興味がなく、パソコンは使えません。休日は、授業1590分のための準備をし、残り僅かな時間は好きな女性シンガーソングライターのCDを聴きながら読書し、応援している天才棋士（本書のどこかに登場してます）の芸術的棋譜を並べて感動して過ごしています。

そんな社会性のない僕の「財産」は、入試問題の正体の〝分析量〟と、あれだけのナマ授業をしてきた〝体感量〟です。無数の卒業生が授業で見せてくれた〝反応〟や〝笑顔〟のおかげで、僕は育ててもらえたんです。ひとつひとつのシーン、講師は忘れないものですよ。ほんとうに有難う。

予備校講師に比較的自由時間があるのは2月です。そこで書斎にこもりました。誇張ではなく、時間も寝食も忘れて、「財産」を武器に本書を書き上げました。万年筆でノートにラフデザインしてからワープロで推敲し、（やむなく持っている）タブレットのメールに清書して、かんき出版編集部に原稿を送信するという工程を繰り返したわけです。〝熱中の日々〟でした。

今、書斎で「おわりに」を書いています。〝熱中の日々〟がとうとう終わるのですが、皆さんに本書をお届けできる日が来たということでもあります。

最後になりましたが、本書の刊行にあたり、謝辞を述べさせてください。

前著『大学入学共通テスト 国語［現代文］が1冊でしっかりわかる本』からのご縁で、凄腕編集者の荒上和人さんにお会いして、新しくかんき出版編集部に入られた中森良美さんをご紹介いただきました。パソコンが使えない僕に代わり、ハイテク作業はぜんぶ行ってくださいました。お手数ばかりおかけしたのは間違いありませんが、少しもたいへんな素振りをお見せにならず、キレイな仕上げを続けてくださいました。『現代文のコア』というタイトルや各コアの小見出しも、一緒に悩みながら考えたものです。僕の「財産」を全編に渡って見事に引き出してくださいました。中森さんなしに本書はあり得ませんでした。

また、関連重要語句の解説につきましては、オルタナプロの八川奈未さん、石井好子さんに編集協力をいただきました。語句の意味を多方面から検討してくださったおかげで、カッチリとしながらもわかりやすい解説にすることができました。

イラストは、ヤギワタルさんが描いてくださいました。

イラストには思い出があります。原稿を書き終えた僕は、3月4日、かんき出版に4時間缶詰めにされ、気分だけは売れっ子漫画家でラフ（もいいところの）デッサン60点を描きました。僕の拙すぎるラフを素晴らしいイラストにしてもらえたのは、ご覧いただいた通りです。感動した僕は、ヤギワタルさんデザインTシャツを買わせてもらいました。受講生に気づいてもらえるかなと楽しみです。

書斎の僕にいちばん近い書棚に、パウル・ツェラン詩集と木村敏『時間と自己』が見えます。

あの日から、僕は夢中で学び、ひたすら仕事に明け暮れてきただけです。僕の力だけでは、本書を世に出すことは不可能でした。本書の刊行に関わってくださったすべての方に改めて御礼を申し上げます。受験生のいちばん近くに置いてもらいたい本に仕上げてもらえました。

そして、厳しい受験への武器として本書を選び、読み通してくれたあなたへ。必ずお役に立ちます。心からの応援と感謝の気持ちを述べたいと思います。ほんとうに有難うございました。

河合塾講師　兵頭宗俊　拝

出典

周東美材《しゅうとうよしき》『童謡の近代』岩波書店
国谷裕子「ポスト真実時代のジャーナリズムの役割」・『世界思想45号2018春』所収・世界思想社
福岡伸一「Daisetz SUZUKI」・『翼の王国 August 2016』所収・ANA 翼の王国編集部
菅香子『共同体のかたち』講談社
三浦雅士『考える身体』NTT出版
檜垣立哉『食べることの哲学』世界思想社
野家啓一『物語の哲学―柳田國男と歴史の発見』岩波書店
佐伯啓思『経済成長主義への訣別』新潮社
北杜夫「少年」・『牧神の午後・少年』所収・新潮社
加藤周一「明治初期の文体」『加藤周一自選集8』所収・岩波書店

本文・帯イラスト　ヤギワタル

カバーデザイン　西垂水敦（krran）
本文デザイン　ホリウチミホ（ニクスインク）
本文 DTP　野中賢（システムタンク）
編集協力　八川奈未・石井好子（オルタナプロ）
校正　鷗来堂

【著者紹介】

兵頭　宗俊（ひょうどう・そうしゅん）

◉——河合塾現代文科講師。麹町校、池袋校、新宿校、津田沼校など首都圏の旗艦校舎に出講。

◉——受講生の「脳」の入試「神経」を刺激する本質的内容をシュールでマニアックな笑いのオブラートで包む講義が、幅広いレベルの講座で高く支持されている。現代文科代表格の一人。

◉——法理学を専攻するはずだったが、パウル・ツェラン詩集と木村敏『時間と自己』によって未知への扉を開かれ、ビンスヴァンガー、ハイデッガー、ユング、河合隼雄、そして西田幾多郎へと学問分野の枠を越えて勝手に勉強し続け、知のネットワークを構築してきた。哲学と精神病理学に特に没頭。

◉——通年講義の受講生からは「現代文を見る目がまるっきり変えられた」「これをしたら合格できるというノルマが明確でいい」などのうれしい声が届く。通年講義の読解・解法・知識のエッセンスをまとめ、点を取るための思考回路をカタチにした「現代文全要点集」というオリジナルプリントを配布する夏期講習や冬期講習でも満席が続出する。

◉——主な著書に『改訂版　大学入学共通テスト 現代文が１冊でしっかりわかる本』（かんき出版）、『兵頭宗俊 実戦現代文講義の実況中継』（語学春秋社）などがある。

現代文《げんだいぶん》のコア　読解《どっかい》のための最重要《さいじゅうよう》テーマとキーワード

2020年７月６日　第１刷発行
2024年６月５日　第３刷発行

著　者——兵頭　宗俊
発行者——齊藤　龍男
発行所——株式会社かんき出版
東京都千代田区麹町4-1-4 西脇ビル　〒102-0083
電話　営業部：03(3262)8011㈹　編集部：03(3262)8012㈹
FAX　03(3234)4421　振替　00100-2-62304
http://www.kanki-pub.co.jp/

印刷所——シナノ書籍印刷株式会社

　ISBN978-4-7612-3008-1 C7081